新訂
初級中国語課本

王霜媚／柴田清継／平坂仁志
市成直子／陳建平【著】

好文出版

まえがき

　2005年に『初級中国語課本』を発行してから、すでに5年が経過しました。この間、大学の教育事情にも種々の変化が見られ、語学教科書はより使いやすいものが求められるようになりました。『新訂　初級中国語課本』は、そのような要請に応えて改訂したものです。

　まず、中国語に関する基本知識を、プロローグにＱ＆Ａの形で盛り込みました。また、履修者の希望を出来るだけ汲み取り、本編各課の練習・練習問題の内容と出題方式も、解答しやすいように全面的に改訂しました。さらに「言葉の交差点」には、実用性が高い中国語の日常のあいさつ言葉を、できるだけ多く盛り込みました。

　『新訂　初級中国語課本』は中国語の初心者向けの教科書です。プロローグ、発音編（全5課）および本編（全14課）を中心に学びますが、学習の手助けとなるよう、巻末には「中国語の基本文型」「単語索引」「中国語音節表」「中国地図」も掲載しています。

　『新訂　初級中国語課本』の特徴と目的は以下の通りです。

1）日常生活でよく使われる表現を用いた「スキット」を学習の中心とします。
2）「学習のポイント」で、「スキット」で取り上げた文法の基本事項を分類・整理しています。
3）「練習」・「練習問題」では、「スキット」・「学習のポイント」で取り上げた文法を復習します。ヒアリングの問題も取り入れ、聞き取り能力を高めていきます。
4）「言葉の交差点」は、文法事項の補充と、中国語学習に役立つ知識、日常のあいさつ言葉の習得を目的としたコラムです。
5）「中国語の基本文型〜文法総索引〜」は、初級中国語の文法を体系的に整理したもので、各課の「学習のポイント」と合わせて読めば、相乗効果が期待できます。
6）「単語索引」は、復習などの目的で、単語の意味を再確認する際に活用してください。

　本書が学習者の中国語能力向上の一助となり、さらに中国への理解をより深めるための道しるべとなれば、これほどうれしいことはありません。

著者一同
2010年　春

目次

プロローグ *2*

発音編

[第1課]　声調・単母音　*5*
[第2課]　子音　*7*
[第3課]　複母音・鼻母音　*11*
[第4課]　軽声・第三声について・二音節語の声調・"儿化音"・"一""不"の変調　*14*
[第5課]　総合練習　*16*

本編

[第1課]　你好！　*18*
　　学習のポイント　◆ 1. 人称代詞　2. A 是 B　3. "吗" 疑問文　4. 反復疑問文
　　言葉の交差点（1）◆【名前をたずねる】

[第2課]　这是中日词典吗？　*22*
　　学習のポイント　◆ 1. 指示代詞　2. "的"（名詞＋"的"、形容詞＋"的"）
　　3. "也" "都" ／言葉の交差点（2）◆【"的" と「の」】

[第3課]　你学习什么？　*26*
　　学習のポイント　◆ 1. 動詞述語文（SV/SVO）　2. 形容詞述語文　3. 疑問詞疑問文
　　言葉の交差点（3）◆【中国語と英語・日本語】

[第4課]　神户夏天热不热？　*30*
　　学習のポイント　◆ 1. 主述述語文　2. 選択疑問文　3. 比較文
　　言葉の交差点（4）◆【中国と日本──国土・気候など】

[第5課]　有没有乌龙茶？　*34*
　　学習のポイント　◆ 1. 場所を表す代詞　2. "A 有 B" と "A 在 B"　3. 省略疑問文
　　4. 数の表現／言葉の交差点（5）◆【数詞＋量詞＋名詞】

[第6課]　今年哪一年？　*38*
　　学習のポイント　◆ 1. 西暦年・日付・曜日・時刻の言い方　2. 時に関する表現
　　3. 名詞述語文／言葉の交差点（6）◆【今日は何の日？】

[第7課]　我想去买东西　*42*
　　学習のポイント　◆ 1. 連動文　2. 助動詞 "想"　3. 前置詞 "跟" "从"
　　言葉の交差点（7）◆【同意・了解を求める】　言葉の交差点（8）◆【人の呼び名】

[第8課]　可以吗？ 46
　学習のポイント ◆ 1. 指示代詞＋（数詞）＋量詞＋名詞　2. 動詞＋"一下"
　3. 二重目的語文／言葉の交差点（9）◆【"的"のはたらき】

[第9課]　邮局在哪里？ 50
　学習のポイント ◆ 1. 動詞の"在"と前置詞の"在"　2."了"　3. 前置詞"离"
　言葉の交差点（10）◆【方位詞】

[第10課]　你在干什么？ 54
　学習のポイント ◆ 1. 動作の進行・状態の持続　2. 助動詞"会""能""得"
　3."吧"（勧誘・命令・推量）／言葉の交差点（11）◆【家族】

[第11課]　你妈妈今年多大岁数？ 58
　学習のポイント ◆ 1."过"　2."一点儿"（動詞＋"一点儿"、形容詞＋"一点儿"）　3. 時点と時量／言葉の交差点（12）◆【年齢をたずねる】
　言葉の交差点（13）◆【離合詞】

[第12課]　山本一定会来的 62
　学習のポイント ◆ 1. 助動詞"会""可以"　2. 前置詞"给"　3. 動詞の重ね型
　言葉の交差点（14）◆【あいさつ（1）】　言葉の交差点（15）◆【中国語の漢字音と日本語の漢字音】

[第13課]　快考试了 66
　学習のポイント ◆ 1."地"　2."快～了"　3. 助動詞"要""应该""不用"
　言葉の交差点（16）◆【あいさつ（2）】

[第14課]　下学期我要好好儿学习 70
　学習のポイント ◆ 1. 程度補語　2."一点儿"と"有点儿"　3."一～也…"
　言葉の交差点（17）◆【買い物】

[中国語の基本文型]　～文法総索引～　*76*

[単語索引]　*83*　／　[中国語音節表]　*94*　／　[中国地図]　*96*

発音編・本編

品詞表 「新出語句」「補充語句」で用いた品詞の略号は下記の通り。

頭	接頭辞	副	副詞	助動	助動詞
名	名詞	代	代詞	嘆	感嘆詞
形	形容詞	量	量詞	間	間投詞
動	動詞	接	接続詞	前	前置詞
助	助詞	数	数詞	接	接尾辞

プロローグ

Q1　中国語ってどんな言葉なんですか。

　わたしたちがいう「中国語」は、実は中国語では「中国語」といいません。一般的には「漢族の言葉」という意味で「漢語」、もしくは「中国、特に漢族の言語と文字」という意味で「中文」と称されます。漢語（中文）は中華人民共和国、台湾、シンガポールなどの東アジア、加えて世界各地の漢族の居住地など広い範囲で十数億の人々が使っています。その使用人口の多さゆえに、国連の六つの公用語の一つにもなっています（他は英語・フランス語・スペイン語・ロシア語・アラビア語）。

　中国には長い歴史があり、世界第3位の広大な国土を有しています。それゆえ、漢族の使う言葉には地域によってかなりの違いが生じました。大きく分けて、中国語には6種類の方言体系があり、中国語の各方言は全く別の言語かと思うくらいに違います。以前は、北京人と上海人との会話には、通訳が必要だったそうです。

　国民の間で意思の疎通ができなければ、国家の経営はできません。そこで、中華人民共和国成立（1949年）後、政府は近代国家建設のために、まず言語の統一、公用語の制定という課題に取り組みました。1955年、(1) 北京語音を標準とし、(2) 北方方言の語彙を基準にし、(3) 魯迅、老舎、巴金など近現代を代表する文学者が書いた模範的口語文を文法の規範とする中華人民共和国の共通語が定められました。これを「普通話」といいます。

　これからわたしたちが学ぶ「中国語」という言葉は、「漢語」の共通語である「普通話」のことを指します。地域によっては「國語」、「華語」とも呼ばれていますが、実質全く同じ言葉です。

　中国語を学ぶことによって、十数億もの人々と意思の疎通ができるようになるのです。これってすごいことだと思いませんか？

Q2　中国語って漢字で書いてあるんですよね。
日本語でも漢字を使ってるし、なんかなじめそうです。

　そうですね。おっしゃる通り、中国語は基本的にすべて漢字で表記されます。わたしたちも普段から漢字に接していますし（苦手な人も結構いるようですが）、学びやすい言葉であるといえましょう。

　漢字は人類最古の文字であり、4000年前の「亀甲獣骨文字（甲骨文字）」が漢字の元祖です。甲骨文字は絵文字であり、一つ一つの文字が意味を持つ「表意文字」です。漢字の書体は様々に変化しましたが、その後紀元前3世紀、秦の始皇帝が字体を統一し、今から約2000年前、漢の時代に現在使われている字体がほぼ出来上がりました。

　ところが、漢字は複雑で種類が多く、文字を操ることができるのはほんの一握りの支配階級、インテリ階級のみであり、庶民のほとんどは字を知らぬまま一生を終えたといいます。

　識字率を上げ、教育水準を上げるため、新中国政府は、普通話の制定に続き1958年、文字改革運動の一環として、漢字を簡略化する運動を推し進めました。その結果、かなりの数の漢字が簡略化され、正式な字体として制定されました。この簡略化された文字を「簡体字」といいます。これ

Prologue

に対して、簡略化される以前の旧式の字体を「繁体字」といいます。繁体字は中華人民共和国の統治権が及ばない台湾などでは現在も使われているので、興味のある人は、ぜひ繁体字も覚えておきましょう。

日本書紀によれば、日本に漢字が伝えられたのは応神天皇の16年、紀元285年であるとされています。日本でも終戦直後まで繁体字が用いられてきましたが、現在は「常用漢字表」によって字体が定められています。現在の日本の漢字と中国の簡体字は、「国」や「学」などのように、同じ形のものもありますが、違う形のものもたくさんあります。新しい漢字を覚えるつもりで、簡体字の正しい書体をきちんと覚えるようにしましょう。

文法の面においては、中国語には、欧米語のような語形変化がなく、日本語の助詞のようなものもあまりありません。語句と語句の関係を表すには、正しい語順で語句を並べなければなりません。

相手に好意を伝える場合、日本語では「わたしはあなたが好きです」「好きです、あなたが、わたしは」「あなたが好きです、わたしは」。どう言っても気持ちが伝わるでしょう。

中国語で「わたし」は"我"、「あなた」は"你"（そう言えば、この字は見たことがありませんね。中国語でしか使わない漢字です）、「好きです」は"爱"（これは「愛」の簡体字です）と言いますが、「わたしはあなたが好きです」と中国語で言うには、"我爱你。"としか言えません。"你爱我。"では「あなたはわたしが好きです」という意味になってしまいますし、"你我爱。"としてしまうと、意味不明な文になってしまいます。

漢字を使っているから中国語なんて簡単、などと思っていると、あとで痛い目に遭うことになりますよ。

Q3 中国で使われている漢字って、日本語と同じ意味で使われるんですよね？

これは一概には言えません。

先に述べたように、日本語と中国語は若干の字体の違いはあれ、漢字を用いて表記されます。漢字には（1）日本語と中国語の共通のもの、(2)中国語固有のもの、(3)日本語固有のもの（国字＝「辻」「峠」「畑」など日本製の漢字）、の3通りがあります。漢字の大部分は日中両国語において、字体も意味も同じですが、中には同じ文字を用いながら日本語と中国語で意味が違うものもあります。日本語と中国語で同じ漢字を使う語（字体が異なる場合もあります）を日中同形語といいます。日中同形語は次の2つのタイプに分類できます。

1．意味が共通なもの："椅子"、"大学"、"健康"、"经济"（経済）、"音乐"（音楽）、"观光"（観光）など

2．意味が異なるもの："去"（中国語では"行く"の意）、"床"（同じく"ベッド"の意）、"大家"（同じく"みんな"の意）、"清楚"（同じく"はっきりしている"の意）、"汽车"（同じく"自動車"の意）、"作业"（同じく"宿題"の意）など

このような語を日中同形異義語といいます。漢字にとらわれて日本語と同じ意味だと考えてはいけません。見たことがある語でも、新しい語が出てくるたびに、必ず辞書で意味を確かめる習慣を付けておきましょう。

プロローグ

Q4　中国語の漢字はどうやって読み方を表記するのですか。

　前項で触れたように漢字は表意文字であり、字を見れば意味がわかることもありますが、漢字のみでは読み方を表すことができません。表意文字である漢字の最大の欠点です。

　日本語で漢字の読み方を表すには、ひらがな、カタカナ、場合によってはアルファベットを用いて、「猫（ねこ）」、「猫（ネコ）」、「猫（neko）」と表します（ちなみに、カナやアルファベットは文字自体に意味があるわけではないので、表意文字に対して「表音文字」といいます）。

　中国では、古くから漢字の読み方を表すのに様々な方法が用いられてきましたが、現在は 1958 年に簡体字とともに制定された、"拼音字母（pīnyīn zìmǔ）"通称「ピンイン」というアルファベットを用いた発音記号による表記法が最も普及しています。例えば、「猫」という字の読み方は"māo"と表記します。日本の子供がまずひらがなを習うように、中国の子供はまずピンインを習います。ですから、中国語を学ぼうとするみなさんもまずピンインを覚えなければなりません。中国語学習の第一歩は、ピンインを習得することなのです。

　ピンインの読み方には独自のルールがあります。日本語のローマ字や英語式の発音と似ているものもありますが、全く異なる読み方をするものもたくさんあります。

　例えば、"na"と表記される音はローマ字式に「ナ」と読んでも差し支えありませんが、"ne"は決して「ネ」とは聞こえません。無理にカナで表せば「ナ」に近い音です。ただ、あくまでも「近い音」なのであって、決して同じ音ではありません。他にも"can"は英語式の「キャン」ではなく、「ツァン」に近い音になるし、さらに"xi"とか"zhang"とか日本語や英語に慣れた頭では想像できないようなものもたくさんあります。

　加えて、中国語には「声調」という、音節内での音の高低・上げ下げである4種類の調子（トーン）があり、"nà""cān"のように独自の記号を用いてピンインとともに表記されます。声調は日本語では表記不能です。同じ音節でも例えば"Shànghǎi"（上海：シャンハイ）と"shānghài"（傷害：傷つける）では全く意味が違います。ちょっとした音の上げ下げの違いが大誤解を招きかねないのです。「ウーロン茶」とか「マージャン」とか日本語に溶け込んだ中国語もありますが、これらは日本語に近い音、言いやすいアクセントに変化していて、本来の中国語の音ではありません。

　中国語はほとんど漢字だけで書き表されているので、日本人にとっては確かに学びやすい言語です。しかし、これまで述べてきたように、漢字が日本人の中国語習得の妨げになっている面もあるのです。考えてみれば当たり前なのですが、わたしたち日本人にとって中国語は外国語です。気持ちを新たに、これからがんばって勉強していきましょう。

発音編

第1課

〔中国語の音節構造〕

音を構成する最小の単位を「音節」といいます。

中国語には約410の音節が存在し、音節を構成する要素として21の「声母（子音）」、38の「韻母（母音）」があり、加えて各音節には4種類の「声調」と呼ばれる音の高低昇降のトーン（調子、音程）による区別があります。音節には声母のないものもありますが、韻母のない音節はありません。

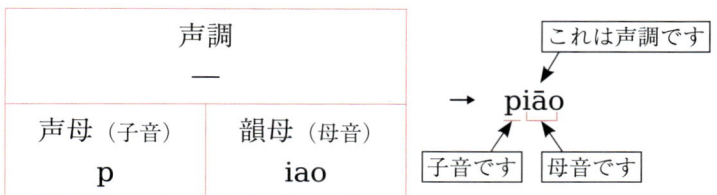

ローマ字による日本語の音節表記（例：そ＝子音 s ＋母音 o）に少し似ていますね。

では、音節を構成する成分を一つずつ見ていきましょう。

I 声調

声調は、意味の違いをつけるための重要な要素です。**普通話**（中国語の共通語）には、「第一声」「第二声」「第三声」「第四声」という4種類の声調（4種類なので「四声」とも呼ばれます）があります。

例えば、ma（日本語の「マ」と同じ音）という音節は次のように区別されます。

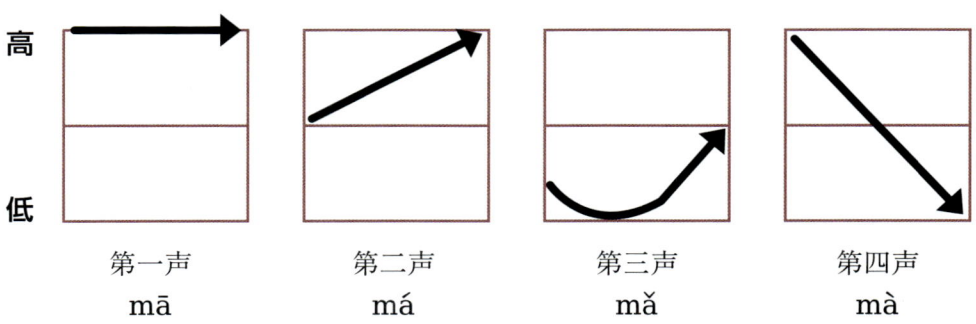

CD◎2　第一声　妈　mā　高く平らに伸ばす
　　　第二声　麻　má　低いところから急上昇
　　　第三声　马　mǎ　低く抑えて少し上昇
　　　第四声　骂　mà　高いところから急降下

CD◎3　〈練習1〉　発音してみましょう。

1) ā　á　ǎ　à　　　　　2) ǎ　à　ā　á
3) mā　má　mǎ　mà　　4) mǎ　má　mà　mā
5) lā　lá　lǎ　là　　　　6) là　lǎ　lá　lā
7) nā　ná　nǎ　nà　　　8) nǎ　nà　nā　ná

II　単母音

CD◎4

母音	a	o	e	i	u	ü	er
ピンイン表記	a	o	e	yi	wu	yu	er

【発音の要領】
　a：口を大きく開けて明るく。
　o：唇を丸めて「オ」。
　e：「エ」と言うときの口の形で「オ」。
　i：口の両端を思いっきり左右に引いて。
　u：唇を丸めて、突き出して。
　ü：「ユ」と言うときの口の形で「イ」。
　er：舌を軽く巻いたまま軽く上からつぶす感じで。

・ローマ字読みに近いもの…a, o, i, u
・ローマ字読みとは全く異なる、あるいはローマ字にないもの…e, ü, er

★中国語の母音は音よりも口の形で覚えるようにしましょう。

CD◎5　〈練習2〉　次の漢字を読んでみましょう。

1) 阿　ā　　　　　2) 末　mò
3) 饿　è　　　　　4) 一　yī
5) 五　wǔ　　　　6) 鱼　yú
7) 二　èr　　　　 8) 乐　lè
9) 拿　ná　　　　10) 路　lù

発音編

第2課

I 子音・その1

	〈無気音〉	〈有気音〉		
唇音	b	p	m	f ※
舌尖音	d	t	n	l
舌根音	g	k	h	
舌面音	j	q	x	

※ b, p, m：両唇音、f：唇歯音

　表にあるように、子音には調音の部位（舌や唇などの器官の位置と用い方）、調音の様式（息の出し方）による分類があります。子音が単独で音節を構成することはないので、適当な母音を加えて練習します。母音には子音のつかないものもあります。但し、子音なし（零母音）で、母音のみの場合、表記が変わるものがあるので注意。

子音	母音	声調	ピンイン	漢字
（なし）	a	－	ā	阿
（なし）	u	ˇ	wǔ	五
（なし）	ü	´	yú	魚
b	a	`	bà	爸

CD◎6 ◆**発音してみましょう**（声調にも注意して）

【唇音】閉じた両唇を一気に離す。
(1) b　p　m：閉じた両唇を一気に離す　(2) f：上の歯で下唇を軽く噛んで
無気音
bā　bá　bǎ　bà　　bō　bó　bǒ　bò　　bī　bí　bǐ　bì　　bū　bú　bǔ　bù
有気音
pā　pá　pǎ　pà　　pō　pó　pǒ　pò　　pī　pí　pǐ　pì　　pū　pú　pǔ　pù
その他
mā　má　mǎ　mà　　mō　mó　mǒ　mò　　mī　mí　mǐ　mì
fā　fá　fǎ　fà　　fō　fó　fǒ　fò　　fū　fú　fǔ　fù

無気音と有気音

　例えば、bとpだと、日本語では「濁音」と「清音」で音を区別しますが、中国語には「濁音」という概念がありません。中国語では、「**無気音**」「**有気音**」で区別します。「無気音」とは徐々に息を出す音であり、「有気音」は一気に息を破裂させて出す音です。

　　　・bo = p + o
　　　・po = p + h（息の音）+ o

CD 7　【舌尖音】舌先を上歯茎の裏側につけて。
無気音
dā　dá　dǎ　dà　　dī　dí　dǐ　dì　　dē　dé　dě　dè　　dū　dú　dǔ　dù
有気音
tā　tá　tǎ　tà　　tī　tí　tǐ　tì　　tē　té　tě　tè　　tū　tú　tǔ　tù
その他
nā　ná　nǎ　nà　　nī　ní　nǐ　nì　　nē　né　ně　nè　　nū　nú　nǔ　nù
nǖ　nǘ　nǚ　nǜ
lā　lá　lǎ　là　　lī　lí　lǐ　lì　　lē　lé　lě　lè　　lū　lú　lǔ　lù
lǖ　lǘ　lǚ　lǜ

CD 8　【舌根音】舌の奥を軟口蓋（なんこうがい）につける。日本語の「カ行」「ハ行」のような音。
無気音
gā　gá　gǎ　gà　　　gē　gé　gě　gè　　　gū　gú　gǔ　gù
有気音
kā　ká　kǎ　kà　　　kē　ké　kě　kè　　　kū　kú　kǔ　kù
その他
hā　há　hǎ　hà　　　hē　hé　hě　hè　　　hū　hú　hǔ　hù

CD 9 【舌面音】舌の表面を上あごにつける。日本語の「チ」「シ」系の音。

無気音
jī jí jǐ jì　　jū jú jǔ jù
有気音
qī qí qǐ qì　　qū qú qǔ qù
その他
xī xí xǐ xì　　xū xú xǔ xù

※ j, q, x の後ろの u はすべて ü。
j + ü → ju
q + ü → qu
x + ü → xu
cf.
n + ü → nü　　l + ü → lü
n + u → nu　　l + u → lu

II　子音・その2

	〈無気音〉	〈有気音〉		
そり舌音	zh	ch	sh	r
舌歯音	z	c	s	

CD 10 ◆発音してみましょう

【そり舌音】舌先と上あごを使う。舌先をのどの方へ向けるつもりで。

無気音
zhā zhá zhǎ zhà　　　zhē zhé zhě zhè
zhī zhí zhǐ zhì　　　zhū zhú zhǔ zhù
有気音
chā chá chǎ chà　　　chē ché chě chè
chī chí chǐ chì　　　chū chú chǔ chù
その他
shā shá shǎ shà　　　shē shé shě shè
shī shí shǐ shì　　　shū shú shǔ shù
rē ré rě rè　　　　　rī rí rǐ rì
rū rú rǔ rù

CD⦿11 【舌歯音】舌先を上の歯の裏につける。日本語の口を横に広げて発音する「ツ」「ス」系の音。

無気音

zā zá zǎ zà	zē zé zě zè
zī zí zǐ zì	zū zú zǔ zù

有気音

cā cá cǎ cà	cē cé cě cè
cī cí cǐ cì	cū cú cǔ cù

その他

sā sá sǎ sà	sē sé sě sè
sī sí sǐ sì	sū sú sǔ sù

★ zi, ci, si [注意！]

　これらの"i"は、口を横に広げて、舌先を震わせる感じで発音します。日本語の「ウ」(何気なくしゃべったときの「シャツ」とか「タイガース」みたいな音) に聞こえます。決して「ツィ」「スィ」ではないので注意！

CD⦿12 〈練習〉 次の漢字を読んでみましょう。

1) 波 bō　　2) 怕 pà　　3) 木 mù　　4) 法 fǎ
5) 大 dà　　6) 体 tǐ　　7) 努 nǔ　　8) 绿 lǜ
9) 哥 gē　　10) 课 kè　　11) 河 hé　　12) 机 jī
13) 去 qù　　14) 喜 xǐ　　15) 猪 zhū　　16) 茶 chá
17) 书 shū　　18) 热 rè　　19) 杂 zá　　20) 厕 cè
21) 四 sì

第3課

I 複母音

単母音が二つ連なっている母音です。いずれも滑らかに、まとめて発音します。

①前が強いタイプ（＞型）

母音	ai	ei	ao	ou
ピンイン表記	ai	ei	ao	ou

CD◎13 ◆発音してみましょう

āi ái ǎi ài　　ēi éi ěi èi　　āo áo ǎo ào　　ōu óu ǒu òu

②後ろが強いタイプ（＜型）

母音	-ia	-ie	-ua	-uo	-üe
ピンイン表記	ya	ye	wa	wo	yue

※複母音のeは日本語の「エ」に近くなります。
※j，q，xの後ろのuはすべてü。
　j ＋ üe → jue　　　q ＋ üe → que　　　x ＋ üe → xue

CD◎14 ◆発音してみましょう

yā yá yǎ yà　　yē yé yě yè　　wā wá wǎ wà
wō wó wǒ wò　　yuē yué yuě yuè

③真ん中が強いタイプ（＜＞型）

母音	-iao	-iu [-iou]	-uai	-ui [-uei]
ピンイン表記	yao	you	wai	wei

※-iou，-ueiの前に子音がつく場合、真ん中の母音oとeはあまりはっきりと発音されず、強く発音する母音が後ろに移るので、表記は次のようになります。
　j ＋ iou → jiu　　　n ＋ iou → niu　　　x ＋ iou → xiu
　g ＋ uei → gui　　　d ＋ uei → dui　　　h ＋ uei → hui

CD◉15 ◆発音してみましょう

yāo　yáo　yǎo　yào　　　　yōu　yóu　yǒu　yòu
wāi　wái　wǎi　wài　　　　wēi　wéi　wěi　wèi

CD◉16 〈練習〉　次の漢字を読んでみましょう。
1) 开 kāi　　2) 给 gěi　　3) 找 zhǎo　　4) 头 tóu
5) 家 jiā　　6) 爷 yé　　7) 花 huā　　8) 我 wǒ
9) 学 xué　　10) 表 biǎo　　11) 丢 diū　　12) 快 kuài
13) 贵 guì

II 鼻母音

※鼻音：鼻から息が出る音
・前鼻音（-n）…舌先を上歯茎の裏側につける。
・後鼻音（-ng）…舌先は低い位置のまま、舌の奥を軟口蓋につけ、鼻に息を通す。

〈-n〉	-an	-en	-in (yin)	-ün[2] (yun)	-ian (yan)	-uan (wan)	-un[3] [-uen] (wen)	-üan[2] (yuan)
〈-ng〉	-ang -ong	-eng	-ing (ying)		-iang yang	-uang (wang)	-ueng (weng)	-iong (yong)
		*1			*1		*1	

*1　鼻母音の影響で母音が違う音に聞こえる組み合わせです。
*2　ün と üan は j, q, x の後ろにつくときは、それぞれすべて un, uan と表記します。
*3　uen の前に子音がつく場合、e はあまりはっきりと発音されず、強く発音される音が前の u に移るので、e は表記されません。

CD◉17 ◆発音してみましょう

ān　án　ǎn　àn　　　　āng　áng　ǎng　àng
ōng　óng　ǒng　òng
ēn　én　ěn　èn　　　　ēng　éng　ěng　èng
yīn　yín　yǐn　yìn　　　yīng　yíng　yǐng　yìng
yūn　yún　yǔn　yùn
yān　yán　yǎn　yàn　　yāng　yáng　yǎng　yàng
wān　wán　wǎn　wàn　　wāng　wáng　wǎng　wàng
wēn　wén　wěn　wèn　　wēng　wéng　wěng　wèng
yuān　yuán　yuǎn　yuàn　yōng　yóng　yǒng　yòng

12

CD⦿18 〈練習〉 次の漢字を読んでみましょう。

1) 三　sān　　　2) 胖　pàng　　　3) 关　guān　　　4) 撞　zhuàng
5) 近　jìn　　　6) 行　xíng　　　7) 身　shēn　　　8) 城　chéng
9) 困　kùn　　　10) 瓮　wèng　　11) 钱　qián　　　12) 娘　niáng
13) 云　yún　　　14) 全　quán　　15) 葱　cōng　　　16) 熊　xióng

🎵 声調符号の位置

①母音が一つなら母音の上（i の上の「·」は取る。例：i → ì）
　 mā　bò　mǐ　wà
② a があれば a の上　　　　　　　tài　dǎo　piào
③ a がなければ e か o の上　　　yǒu　jué　duō
④ i, u が並べば後ろにつける　　jiǔ　guì

第4課

I 軽声

四種類の声調の他に、単語や文の中で本来の声調を失い、前の音節に軽く添えられる感じの音があります。これを軽声といいます。**軽声**は単独で出現することはあまりなく、声調符号はつきません。声の高さは前にある声調により異なります。

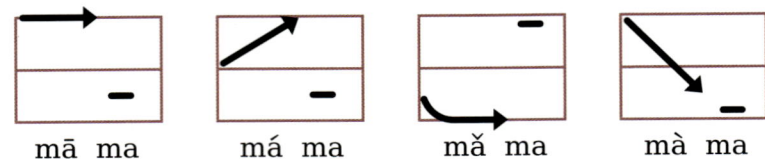

〈練習〉 次の語を読んでみましょう。

1) 包子　bāozi　　　　2) 桃子　táozi
3) 饺子　jiǎozi　　　　4) 栗子　lìzi

II 第三声について

①通常　　単独で読む場合、文末にある場合には、自然と上がり調子になります。

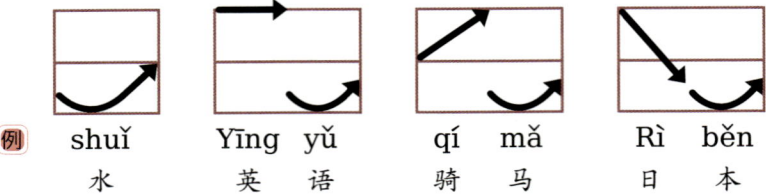

例　shuǐ　　Yīng yǔ　　qí mǎ　　Rì běn
　　水　　　英　語　　　骑马　　日　本

②半三声　後に第一声、第二声、第四声、軽声が続く場合には、前半分が低く抑えられたままになります。

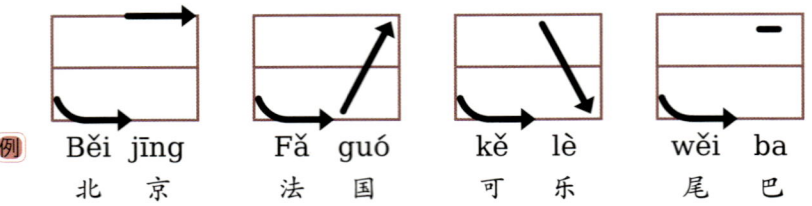

例　Běi jīng　　Fǎ guó　　kě lè　　wěi ba
　　北　京　　法　国　　可　乐　　尾　巴

③二声化　後ろに第三声が続く場合には、前にある第三声は上昇し、第二声になります。声調符号はそのままにしておきます。

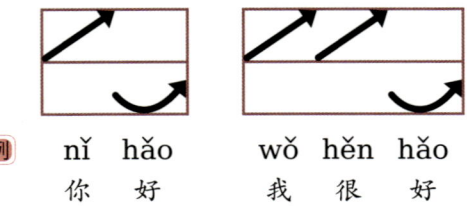

例　nǐ hǎo　　wǒ hěn hǎo
　　你　好　　我　很　好

CD◎21 **III 二音節語の声調**

	第一声	第二声	第三声	第四声	軽声
第一声	京都 Jīngdū	巴黎 Bālí	香港 Xiānggǎng	拉萨 Lāsà	妈妈 māma
第二声	台湾 Táiwān	俄国 Éguó	德岛 Dédǎo	神户 Shénhù	茄子 qiézi
第三声	广州 Guǎngzhōu	沈阳 Shěnyáng	广岛 Guǎngdǎo	武汉 Wǔhàn	饺子 jiǎozi
第四声	绍兴 Shàoxīng	奈良 Nàiliáng	大阪 Dàbǎn	瑞士 Ruìshì	爸爸 bàba

IV "儿化音"

巻舌母音 er は音節の末尾に"〜ル（〜r）"の形でつくことがあり、これを"儿化音"といいます。前の音節に続けて舌をそり上げて発音します。

※ 大部分の語は"儿化"しても意味は変わりませんが、"画"（描く）－"画儿"（絵）、"这"（これ）－"这儿"（ここ）のように"儿化"することによって意味が違ってくる場合もあります。

※ "i" "n" "ng" の後ろに "r" がある場合、これらの音は発音されません。

CD◎22 〈練習〉 画儿 huàr　　歌儿 gēr　　小猫儿 xiǎomāor
　　　　盖儿 gàir　　小孩儿 xiǎoháir　　玩儿 wánr
　　　　空儿 kòngr　　眼镜儿 yǎnjìngr　　电影儿 diànyǐngr
　　　　有趣儿 yǒuqùr　　一会儿 yíhuìr　　西边儿 xībianr

CD◎23 **V "一""不"の変調**

① "不 bù"の後ろに第四声が続く場合、第二声"bú"に変化します。
　例 不是　bù shì　→　bú shì

② "一 yī"の後ろに第一声、第二声、第三声が続く場合、第四声"yì"に変化します。
　例 一般 yībān → yìbān　一齐 yīqí → yìqí　一点 yīdiǎn → yìdiǎn

③ "一 yī"の後ろに第四声が続く場合、第二声"yí"に変化します。
　例 一共 yīgòng → yígòng

④ 但し、"一 yī"が語の最後に位置する場合や序数の場合、数字を一つずつ読む場合、固有名詞である場合などは変調しません。
　例 一月一号　Yīyuè yī hào　　一九九八年　yī jiǔ jiǔ bā nián

第5課　総合練習　発音編

CD 24　① 中国語で数を数えてみましょう。

○（零）	一	二	三	四	五	六	七	八	九	十
líng	yī	èr	sān	sì	wǔ	liù	qī	bā	jiǔ	shí

CD 25　② 日本でもおなじみの中国の飲食物です。読んでみましょう。

饺子　jiǎozi　　　　烧卖　shāomai　　　　乌龙茶　wūlóngchá
拉面　lāmiàn　　　　炒饭　chǎofàn　　　　麻婆豆腐　mápódòufu
青椒肉丝　qīngjiāoròusī　绍兴酒　Shàoxīngjiǔ　杏仁豆腐　xìngréndòufu

CD 26　③ 日本を含む世界の有名企業・ブランド名の中国語表記です。発音してみて、もとの名を当ててみて下さい。

丰田汽车　Fēngtián Qìchē　　　奔驰　Bēnchí
雅马哈　Yǎmǎhā　　　　　　　马自达　Mǎzìdá
夏普　Xiàpǔ　　　　　　　　　索尼　Suǒní
肯德基　Kěndéjī　　　　　　　麦当劳　Màidāngláo
可口可乐　Kěkǒu Kělè　　　　三德利　Sāndélì
路易威登　Lùyì Wēidēng　　　古琦　Gǔqí

CD 27　④ 次に挙げるのは人気キャラクターの中国語表記です。
発音してみて、誰なのかを当ててみましょう。

凯蒂猫　Kǎidìmāo　　　　　　蜡笔小新　Làbǐ Xiǎoxīn
史努比　Shǐnǔbǐ　　　　　　　哆啦A梦　Duōlā'ēimèng
哈利・波特　Hālì Bōtè　　　　奥特曼　Àotèmàn
米飞兔　Mǐfēitù　　　　　　　米老鼠　Mǐlǎoshǔ
樱桃小丸子　Yīngtáo Xiǎowánzi　面包超人　Miànbāo Chāorén

CD 28　⑤ 中国語であいさつをしてみましょう。

①こんにちは。　　　　　　　Nǐ hǎo!
②みなさん、こんにちは。　　Nǐmen hǎo!
③おはよう。　　　　　　　　Nǐ zǎo!
④こんばんは。　　　　　　　Wǎnshang hǎo!
⑤ありがとう。　　　　　　　Xièxie!
⑥どういたしまして。　　　　Bú xiè.

⑦ごめんなさい。　　　　　　　　Duìbuqǐ!
⑧かまいませんよ。　　　　　　　Méi guānxi.
⑨ようこそ。　　　　　　　　　　Huānyíng, huányíng!
⑩さようなら。　　　　　　　　　Zàijiàn!

中国語での氏名表記法

・漢字圏の人（日本人、中国人、韓国人など）
　　日本語：上野　由紀（うえの　ゆき）
　　英語：UENO, Yuki　　Yuki Ueno
　　中国語（簡体字）：上野　由纪
　　ピンイン：**Shàngyě Yóujì**

　　日本語：陳　怡（ちん　い、チェン・イー）
　　英語：CHEN, Yi　　Yi Chen
　　中国語（簡体字）：陈　怡
　　ピンイン：**Chén Yí**

　　日本語：キム　オクスク（金　玉淑）
　　英語：Kim　Ok-Sook
　　中国語（簡体字）：金　玉淑
　　ピンイン：**Jīn　Yùshū**

・非漢字圏の人（欧米人など）の氏名表記
　　日本語：メアリー・ブラウン
　　英語：Mary Brown
　　中国語：玛丽・布朗
　　ピンイン：**Mǎlì Bùlǎng**　　○自分の氏名の簡体字表記・ピンイン表記を辞書で調べましょう。

※中国語で自己紹介してみましょう。
　　你 好！我　叫＿＿＿＿＿＿，请多　关照！
　　Nǐ hǎo! Wǒ jiào＿＿＿＿＿, qǐng duō guānzhào!
　（こんにちは。＿＿＿＿＿と申します。どうぞよろしく。）

第 1 課 Lesson 1

你好！

CD 29 スキットⅠ

李　红：　　你　好！
Lǐ Hóng:　　Nǐ hǎo!

林　惠：　　您　好！
Lín Huì:　　Nín hǎo!

李　红：　　你　贵姓？
　　　　　　Nǐ guìxìng?

林　惠：　　我　姓　林，我　叫　林　惠。
　　　　　　Wǒ xìng Lín, wǒ jiào Lín Huì.

CD 30 スキットⅡ

李　红：　　你　是　　中国人　　吗？
　　　　　　Nǐ shì Zhōngguórén ma?

林　惠：　　我　不　是　　中国人，我　是　日本人。
　　　　　　Wǒ bú shì Zhōngguórén, wǒ shì Rìběnrén.

李　红：　　你　是　不　是　　学生？
　　　　　　Nǐ shì bu shì xuésheng?

林　惠：　　我　是　学生。
　　　　　　Wǒ shì xuésheng.

CD 31　新出語句

第　dì　頭　第～
一　yī　数　一
课　kè　名　(テキストの) 課；授業
你　nǐ　代　あなた
好　hǎo　形　良い；元気だ
您　nín　代　"你"の尊称
贵姓　guìxìng　名　お名前
我　wǒ　代　わたし；僕
姓　xìng　動　(姓を)～という

叫　jiào　動　(名を)～という
是　shì　動　～だ；～です
中国人　Zhōngguórén　名　中国人
人　rén　名　人
吗　ma　助　～か？
不　bù　副　～ない
日本人　Rìběnrén　名　日本人
学生　xuésheng　名　学生

18

CD 32 　　🎵 　補充語句

他 tā 代 彼	法国人 Fǎguórén 名 フランス人
她 tā 代 彼女	老师 lǎoshī 名 先生
它 tā 代 それ	中国 Zhōngguó 名 中国
我们 wǒmen 代 わたしたち	留学生 liúxuéshēng 名 留学生
咱们 zánmen 代 わたしたち	医生 yīshēng 名 医者
你们 nǐmen 代 あなたたち	韩国 Hánguó 名 韓国
他们 tāmen 代 彼ら	英国人 Yīngguórén 名 イギリス人
她们 tāmen 代 彼女ら	德国人 Déguórén 名 ドイツ人
它们 tāmen 代 それら	印度人 Yìndùrén 名 インド人
两 liǎng 数 二つ	司机 sījī 名 運転手
位 wèi 量 敬意をもって人を数える	农民 nóngmín 名 農民
美国人 Měiguórén 名 アメリカ人	

 学習のポイント　*Point*

1．人称代詞

	第一人称	第二人称	第三人称
単　数	我 wǒ	你 nǐ 您 nín	他 她　tā 它
複　数	我们 wǒmen 咱们 zánmen ※1	你们 nǐmen ※2	他们 她们　tāmen 它们

※1　一般に"我们"は聞き手を含んでも含まなくてもいいが、"咱们"は必ず聞き手を含む（あなたとわたし）親しい間柄で用いる。

※2　敬称"您"は普通"您们"という形にはならない。敬意を表すには"您两位 nín liǎng wèi"（お二人）などとする。

2．A 是 B

她们是美国人。　　Tāmen shì Měiguórén.
林惠不是法国人。　　Lín Huì bú shì Fǎguórén.

〈練習1〉（　）に適切な語を入れなさい。

　　1）我是（　　　）。
　　2）他（　　　）是老师。　［否定文］

3．"吗"疑問文

　　她是老师吗？　Tā shì lǎoshī ma?
　　你是中国留学生吗？　Nǐ shì Zhōngguó liúxuéshēng ma?

〈練習2〉語を並べ替えて文を完成させなさい。

　　1）是　　吗　　她　　德国人　　？
　　2）李红　　留学生　　吗　　是　　？

4．反復疑問文

　　你们是不是留学生？　Nǐmen shì bu shì liúxuéshēng?
　　他是不是医生？　Tā shì bu shì yīshēng?

〈練習3〉反復疑問文に改めなさい。

　　1）他是司机吗？
　　2）你们是印度人吗？

練習問題

CD 33　1．CDを聞き、ピンインと漢字で書き取りなさい。

　　1）＿＿＿＿＿＿＿＿＿＿＿　　2）＿＿＿＿＿＿＿＿＿＿＿

　　3）＿＿＿＿＿＿＿＿＿＿＿　　4）＿＿＿＿＿＿＿＿＿＿＿

　　5）＿＿＿＿＿＿＿＿＿＿＿

2．誤りを正しなさい。

　　1）我法国人是。
　　2）不是学生我们。
　　3）你是不是林惠吗？

3．絵を見て質問に答えなさい。

　　1）Tā shì yīshēng ma?
　　2）Tāmen shì lǎoshī ma?
　　3）Tā shì bu shì sījī?
　　4）Tāmen shì bu shì nóngmín?

4．日本語の意味に従って（　）に適切な語を入れ、文を完成させなさい。

　　1）她（　）英国人。　　［彼女はイギリス人です］
　　2）我们（　）（　）韩国留学生。　［わたしたちは韓国人留学生ではない］
　　3）你们（　）老师（　）？　［あなたたちは先生ですか］
　　4）他们（　）（　）（　）医生？　［彼らは医者ですか。※反復疑問文で］

言葉の交差点　1 …………………………… 名前をたずねる

您贵姓？　　Nín guìxìng?　　　　　　　——我姓张。　Wǒ xìng Zhāng.
他姓什么？　Tā xìng shénme?　　　　　——他姓李。　Tā xìng Lǐ.
他叫什么（名字）？　Tā jiào shénme (míngzi)?　　——他叫赵华。　Tā jiào Zhào Huá.

第2課

这是中日词典吗？

CD 34 スキットⅠ

李 红： 这 是 中 日 词典 吗？
Lǐ Hóng: Zhè shì Zhōng-Rì Cídiǎn ma?

林 惠： 是， 这 是 中 日 词典。
Lín Huì: Shì, zhè shì Zhōng-Rì Cídiǎn.

李 红： 这 也 是 词典 吗？
Zhè yě shì cídiǎn ma?

林 惠： 不， 这 不 是 词典。
Bù, zhè bú shì cídiǎn.

CD 35 スキットⅡ

李 红： 那些 都 是 你 的 杂志 吗？
Nàxiē dōu shì nǐ de zázhì ma?

林 惠： 那些 不 都 是 我 的 杂志。 大 的 是 我 的，
Nàxiē bù dōu shì wǒ de zázhì. Dà de shì wǒ de,

 小 的 是 爸爸 的。
 xiǎo de shì bàba de.

CD 36 🎵 新出語句

二　èr　数　二
这　zhè　代　これ；この
中日词典　Zhōng-Rì Cídiǎn　名　中日辞典
词典　cídiǎn　名　辞書
也　yě　副　～も
那些　nàxiē　代　それら（の）；あれら（の）

都　dōu　副　みな；すべて
的　de　助　～の（もの）
杂志　zázhì　名　雑誌
大　dà　形　大きい；年上である
小　xiǎo　形　小さい；年下である
爸爸　bàba　名　父；お父さん

 CD 37　　補充語句

那	nà	代	それ；その；あれ；あの
哪	nǎ	代	どれ；どの
这些	zhèxiē	代	これら（の）
哪些	nǎxiē	代	どれ；どの（複数）
哪个	nǎge	代	どれ；どの
中文	Zhōngwén	名	中国語
报	bào	名	新聞
英文	Yīngwén	名	英語
法文	Fǎwén	名	フランス語
书	shū	名	本
电脑	diànnǎo	名	パソコン

新	xīn	形	新しい
笔记本	bǐjìběn	名	ノート
旧	jiù	形	古い
杯子	bēizi	名	コップ
铅笔	qiānbǐ	名	鉛筆
钢笔	gāngbǐ	名	ペン
音乐	yīnyuè	名	音楽
磁带	cídài	名	録音テープ
小说	xiǎoshuō	名	小説
作业	zuòyè	名	宿題
系	xì	名	学部；学科

 学習のポイント　Point

1．指示代詞

	近	遠	疑問
単数	这 zhè	那 nà	哪 ※ nǎ
複数	这些 zhèxiē	那些 nàxiē	哪些 nǎxiē

※　「どれ（単数）」という意味のときは、一般に"哪个 nǎge"を用いる。

那是中文报吗？　　Nà shì Zhōngwén bào ma?
这些是英文杂志。　Zhèxiē shì Yīngwén zázhì.

〈練習１〉語を並べ替えて文を完成させなさい。

1) 你　这些书　的　是　吗　？
2) 是　书　那些　法文　。

23
第２課

2. "的"（名詞＋"的"、形容詞＋"的"）

那是爸爸的电脑。　　Nà shì bàba de diànnǎo.
新的笔记本是我的，旧的是她的。　　Xīn de bǐjìběn shì wǒ de, jiù de shì tā de.

〈練習2〉中国語で表現してみましょう。
1) 彼のコップ　　2) わたしの音楽ＣＤ（xīdì）
3) 新しい小説　　4) 小さな辞書

3. "也""都"

这些铅笔也是你的吗？　　Zhèxiē qiānbǐ yě shì nǐ de ma?
×这些铅笔也是不是你的？
这些铅笔也都是你的吗？　　Zhèxiē qiānbǐ yě dōu shì nǐ de ma?
那些钢笔都不是我的。　　Nàxiē gāngbǐ dōu bú shì wǒ de.
那些钢笔不都是我的。　　Nàxiē gāngbǐ bù dōu shì wǒ de.

〈練習3〉[　　]内の語句を使って、中国語に訳しなさい。
1) 彼女も日本人です。[也]
2) これらのペンもすべてお父さんのです。[也都]
3) 彼らはみなが英文科の学生というわけではない。[不都]

練習問題

CD◎38　1. CDを聞き、ピンインと漢字で書き取りなさい。
1)＿＿＿＿　2)＿＿＿＿　3)＿＿＿＿　4)＿＿＿＿

2. 日本語に訳しなさい。
1) 哪些是你们的杯子？
2) 这些是音乐磁带吗？
3) 那些电脑是新的，不是旧的。
4) 那是不是你的铅笔？

3. [ ] 内の語句を使い、会話を完成させなさい。

1) A：那些是英文报吗?
   B：＿＿＿＿＿＿＿＿＿＿＿＿＿＿＿＿＿＿＿＿＿＿ [也]

2) A：你们是中文系的学生吗?
   B：＿＿＿＿＿＿＿＿＿＿＿＿＿＿＿＿＿＿＿＿＿＿ [都]

3) A：这些都是作业吗?
   B：＿＿＿＿＿＿＿＿＿＿＿＿＿＿＿＿＿＿＿＿＿＿ [都不]

4. 指示に従って（ ）に適切な語を入れ、文を完成させなさい。

1) 这（ ）法文杂志（ ）? ［疑問文］
2) 新的电脑（ ）（ ）她的。 ［否定文］
3) 那些小说（ ）（ ）是旧的。 ［肯定文］
4) 这些（ ）（ ）是中日词典。
   ［「これらはすべてが中日辞典というわけではない」という意味を表す］

言葉の交差点 ❷ ……………………………… "的"と「の」

日本語の「の」と中国語の"的"はよく似ていますが、完全にイコールというわけではありません。日本語では「〜の」と言うべきところでも、中国語では"的"を使わない、あるいは使わなくてもいい場合があるので注意しましょう!

〈例〉　　中文　报　　　英文　杂志　　　明天　晚上
　　　　Zhōngwén bào　Yīngwén zázhì　　míngtiān wǎnshang

　　　　他　家　　　　我们　大学　　　我　妹妹
　　　　tā jiā　　　　wǒmen dàxué　　　wǒ mèimei

第3課 / Lesson 3

你学习什么？

CD39 **スキットⅠ**

李　红： 你学习　什么？
Lǐ Hóng: Nǐ xuéxí shénme?

林　惠： 我学习　汉语。
Lín Huì: Wǒ xuéxí Hànyǔ.

李　红： 汉语　的汉字　难　吗？
　　　　 Hànyǔ de Hànzì nán ma?

林　惠： 汉语　的汉字　不难。
　　　　 Hànyǔ de Hànzì bù nán.

CD40 **スキットⅡ**

李　红： 汉语　的发音　怎么样？
　　　　 Hànyǔ de fāyīn zěnmeyàng?

林　惠： 很　难。你学习　日语吗？
　　　　 Hěn nán. Nǐ xuéxí Rìyǔ ma?

李　红： 我　学习 日语。日语 的 语法　非常　难。
　　　　 Wǒ xuéxí Rìyǔ. Rìyǔ de yǔfǎ fēicháng nán.

CD41 **新出語句**

三　sān　数　三
学习　xuéxí　動　勉強する
什么　shénme　代　何：どんな
汉语　Hànyǔ　名　中国語
汉字　Hànzì　名　漢字
难　nán　形　難しい

发音　fāyīn　名　発音
怎么样　zěnmeyàng　代　どうか：どのようであるか
很　hěn　副　とても
日语　Rìyǔ　名　日本語
语法　yǔfǎ　名　文法
非常　fēicháng　副　非常に

 補充語句

去 qù 動 行く		英语 Yīngyǔ 名 英語	
看 kàn 動 見る；読む；会う		德语 Déyǔ 名 ドイツ語	
电视 diànshì 名 テレビ		哪个 nǎge 代 どれ；どの	
写 xiě 動 書く		谁 shéi 代 誰	
说 shuō 動 言う；話す		听 tīng 動 聞く	
漂亮 piàoliang 形 きれいだ		做 zuò 動 する；作る	
容易 róngyì 形 簡単だ		来 lái 動 来る	

 学習のポイント Point

1．動詞述語文（SV / SVO）

他去，我不去。　Tā qù, wǒ bú qù.
我看电视。　Wǒ kàn diànshì.

〈練習1〉次の動詞を使い、指定した文を自由に作りなさい。

　1）说　［肯定文］　　2）听　［否定文］　　3）写　［疑問文］

2．形容詞述語文

她很漂亮。　Tā hěn piàoliang.
汉语容易，英语难。　Hànyǔ róngyì, Yīngyǔ nán.

〈練習2〉日本語の意味に従って、語を並べ替えなさい。

　1）难　德语　很　。　［ドイツ語は難しい］
　2）不　汉语　容易　发音　的　。　［中国語の発音は簡単ではない］
　3）杂志　我　林惠　的　新　的　旧　，　。
　　　　　　　　　　　　　　［林恵さんの雑誌は新しく、わたしのは古い］

27
第3課

3．疑問詞疑問文

哪个是你的？　　Nǎge shì nǐ de?
她是谁？　　Tā shì shéi?

〈練習3〉（　　）に適切な疑問詞を入れて、文を完成させなさい。

1）这是（　　　）的电脑？
2）他学习（　　　）？
3）（　　　）是李红的？

練習問題

CD◎43　1．CDを聞き、答えをピンインと漢字で書きなさい。

1）＿＿＿＿＿＿＿＿＿＿＿＿＿＿＿＿＿＿＿＿＿＿＿＿
2）＿＿＿＿＿＿＿＿＿＿＿＿＿＿＿＿＿＿＿＿＿＿＿＿
3）＿＿＿＿＿＿＿＿＿＿＿＿＿＿＿＿＿＿＿＿＿＿＿＿
4）＿＿＿＿＿＿＿＿＿＿＿＿＿＿＿＿＿＿＿＿＿＿＿＿

2．絵を見て質問に答えなさい。

1）Lǎoshī kàn shénme?
2）Shānběn zuò shénme?
3）Tā shì shéi?
4）Tāmen shuō Rìyǔ ma?

3．誤りを正しなさい。

1）我韩国去。
2）谁是山本吗?
3）她是漂亮。
4）我们汉语听。

4．日本語の意味に従って、（　）に適切な語を入れなさい。

1）林惠（　　）中国。　［林恵さんは中国に来る］
2）他（　　）做作业。　［彼は宿題をしない］
3）（　　）大（　　）?　［アメリカは大きいですか］

言葉の交差点 ・・・・・・・・・・・・・・・・・・・・・・・・・・ 中国語と英語・日本語

　中国語と英語や日本語との間には、言語の系統上は何の関係もありませんが、文法上たまたま似ているところが幾つかあります。しかし、似て非なるものもあるので、要注意です。

【中国語と英語】
　"这－this""这些－these"のような指示代詞の対応や、人称代詞の単純さや、「動詞＋目的語」の語順などは似ています。逆に、似て非なるものの例としては、

◇　中国語の"是"と英語のbe動詞
　　她是学生。⇔　She is a student.
　　她很漂亮。⇔　She is very beautiful.

◇　疑問詞疑問文の語順
　　你学习什么？　　　　　→　我学习汉语。
　　What do you study?　　→　I study Chinese.

【中国語と日本語】
　主語が自明なら省略できる点や、名詞が単数か複数かを区別する形を普通は作らない点などは似ています。逆に、似て非なるものの例としては、

◇　中国語の"吗"と日本語の「か」
　　疑問文の文末は、日本語では普通「〜か」という形にしますが、中国語では、反復疑問文・疑問詞疑問文など、文末を"〜吗？"とはしない疑問文がむしろ多いのです。

29
第3課

第4課

神户夏天热不热？

CD 44 スキット I

李　红： 神户　夏天　热不热？
Lǐ Hóng: Shénhù xiàtiān rè bu rè?

林　惠： 神户　夏天　比较　热。北京　的　夏天　热吗？
Lín Huì: Shénhù xiàtiān bǐjiào rè. Běijīng de xiàtiān rè ma?

李　红： 北京　的　夏天　没有　神户　热。
Běijīng de xiàtiān méiyǒu Shénhù rè.

林　惠： 夏天　上海　热，还是　神户　热？
Xiàtiān Shànghǎi rè, háishi Shénhù rè?

李　红： 上海　的　夏天　和　神户　一样　热。
Shànghǎi de xiàtiān hé Shénhù yíyàng rè.

CD 45 スキット II

林　惠： 那　哈尔滨　的　冬天　怎么样？
Nà Hā'ěrbīn de dōngtiān zěnmeyàng?

李　红： 哈尔滨　比　神户　冷　多了。不过，中国　北方
Hā'ěrbīn bǐ Shénhù lěng duō le. Búguò, Zhōngguó běifāng
　　　　的　冬天　很　好玩儿。我们　常常　滑冰。
de dōngtiān hěn hǎowánr. Wǒmen chángcháng huábīng.

CD 46　新出語句

四　sì　数　四
夏天　xiàtiān　名　夏
热　rè　形　暑い；熱い
比较　bǐjiào　副　比較的；結構
没有　méiyǒu　動　～ほど…ない
还是　háishi　副　それとも
和　hé　前　～と
一样　yíyàng　形　同じだ
那　nà　接　それでは

冬天　dōngtiān　名　冬
比　bǐ　前　～よりも
冷　lěng　形　寒い
多了　duō le　ずいぶんと～（差が甚だしいことを表す）
不过　búguò　接　しかし；でも
北方　běifāng　名　北方
好玩儿　hǎowánr　形　遊びには面白い
常常　chángcháng　副　よく；しばしば
滑冰　huábīng　名　動　アイススケート（をする）

CD 47　　**補充語句**

成绩　chéngjì　名　成績
身体　shēntǐ　名　体
健康　jiànkāng　形　健康だ
结实　jiēshi　形　丈夫だ
吃　chī　動　食べる
面条　miàntiáo　名　麺類
饺子　jiǎozi　名　餃子；ギョーザ
韩国人　Hánguórén　名　韓国人

美国　Měiguó　名　アメリカ
法国　Fǎguó　名　フランス
妹妹　mèimei　名　妹
高　gāo　形　（背が）高い
弟弟　dìdi　名　弟
两　liǎng　数　二つ
岁　suì　量　～歳

学習のポイント Point

1．主述述語文

她成绩很好。　Tā chéngjì hěn hǎo.
我身体很健康。　Wǒ shēntǐ hěn jiànkāng.

〈練習1〉日本語に訳しなさい。

1）他身体很结实。
2）汉语语法不难。

2．選択疑問文

你吃面条，还是吃饺子？　Nǐ chī miàntiáo, háishi chī jiǎozi?
他是中国人，还是韩国人？　Tā shì Zhōngguórén, háishi Hánguórén?

〈練習2〉語を並べ替えて、それぞれ二通りの文を作りなさい。

1）还是　做　你　音乐　作业　听　，　？
2）学习　电视　还是　看　法文　李红　，　？

31
第4課

3．比較文

她比我大。　　Tā bǐ wǒ dà.
汉语比英语容易多了。　　Hànyǔ bǐ Yīngyǔ róngyì duō le.
妹妹和我一样高。　　Mèimei hé wǒ yíyàng gāo.
我的成绩没有你好。　　Wǒ de chéngjì méiyǒu nǐ hǎo.

〈練習3〉（　）に適切な語句を入れて文を完成させ、日本語に訳しなさい。

1）林惠（　　）我小两岁。
2）中国（　　）韩国大（　　）。
3）德国（　　）日本（　　）漂亮。
4）大阪（　　）哈尔滨冷。

練習問題

CD⊚48　1．CD を聞き、ピンインと漢字で書き取りなさい。

1）＿＿＿＿＿＿＿＿＿＿＿＿＿＿＿＿＿＿＿＿
2）＿＿＿＿＿＿＿＿＿＿＿＿＿＿＿＿＿＿＿＿
3）＿＿＿＿＿＿＿＿＿＿＿＿＿＿＿＿＿＿＿＿

2．［　］の中から適切な語を選んで（　）に入れ、文を完成させ、日本語に訳しなさい。

［好玩儿　　比较　　没有　　常常　　怎么样］

1）北京的夏天（　　　）大阪热。
2）哈尔滨的冬天（　　　）？
3）滑冰很（　　　）。
4）她（　　　）高。
5）我（　　　）吃饺子。

3．日本語の意味に従って言葉を並べ替え、文を完成させなさい。

1）比 弟弟 你 小 我 。 ［わたしの弟はあなたより年下です］
2）和 一样 发音 难 语法 。 ［文法は発音と同じぐらい難しい］
3）比 多了 北方 好玩儿 的 夏天 冬天 。
　　　　　　　　　　　　　　　　　［北方の冬は夏よりずっとおもしろい］
4）还是 法国 去 英国 去 你们 , ？
　　　　　　　　［あなたたちはフランスに行きますか、それともイギリスに行きますか］

4．ピンインを漢字に直し、日本語に訳しなさい。

1）Wǒ mèimei chéngjì hěn hǎo.
2）Tā de Hànyǔ hé nǐ de yíyàng hǎo.
3）Nǐmen de Yīngyǔ lǎoshī shì Měiguórén, háishi Rìběnrén?
4）Wǒ de gāngbǐ méi yǒu tā de xīn.

言葉の交差点 ４ ……………… 中国と日本——国土・気候など

　中華人民共和国の面積は日本の約26倍で、最北端と最南端を真東にスライドすると、それぞれ樺太北端とフィリピン北端とに突き当たります。東西の幅はほぼアメリカ合衆国と同じくらいです。
　面積の広大さに応じて、南北で甚だしい気候の差があります。1月の平均気温で比較すると、最北端の黒竜江省の哈爾浜市は－19.7度、南端に近い広東省広州市は13.7度です。中国の二大都市を真東にスライドすれば、北京は秋田県、上海は鹿児島県に突き当たると覚えておくと、一応の目安になります。気候について言えば、上海は日本の太平洋ベルト地帯から九州にかけての地域とほぼ同様であると言ってよく、一方、北京の冬は、雪はそれほど降りませんが、寒さは日本の東北地方よりも厳しく、しかも乾燥しています。

第5课

有没有乌龙茶？

CD 49 スキットⅠ

李　红：　　有　没　有　乌龙茶？
Lǐ Hóng:　　Yǒu méi yǒu wūlóngchá?

服务员：　　对不起，没有。有　红茶，行　吗？
fúwùyuán:　Duìbuqǐ, méi yǒu. Yǒu hóngchá, xíng ma?

李　红：　　可以。小林，你　喝　什么？
　　　　　　Kěyǐ. Xiǎo Lín, nǐ hē shénme?

林　惠：　　我　喝　咖啡。
Lín Huì:　　Wǒ hē kāfēi.

CD 50 スキットⅡ

李　红：　　田中　现在　在　哪儿？
　　　　　　Tiánzhōng xiànzài zài nǎr?

林　惠：　　她　在　图书馆。我　也　去　那儿，你呢？
　　　　　　Tā zài túshūguǎn. Wǒ yě qù nàr, nǐ ne?

李　红：　　我　不去。我　还　有　一　节　课。
　　　　　　Wǒ bú qù. Wǒ hái yǒu yì jié kè.

CD 51　新出語句

五　wǔ　数　五
有　yǒu　動　ある；持っている
没　méi　副　～ない；～していない
乌龙茶　wūlóngchá　名　ウーロン茶
服务员　fúwùyuán　名　ウェイター；ウェイトレス
对不起　duìbuqǐ　動　すみません
红茶　hóngchá　名　紅茶
行　xíng　形　よい；よろしい
可以　kěyǐ　動　かまわない；～してよい
小　xiǎo　頭　～君；～さん

喝　hē　動　飲む
咖啡　kāfēi　名　コーヒー
现在　xiànzài　名　今
在　zài　動　～にいる；～にある
哪儿　nǎr　代　どこ
图书馆　túshūguǎn　名　図書館
呢　ne　助　～は？（省略疑問）
还　hái　副　まだ
节　jié　量　授業などを数える：～時間、～コマ

34

補充語句

这儿	zhèr	代	ここ	上	shàng(shang)	名 上
这里	zhèli	代	ここ	方便店	fāngbiàndiàn	名 コンビニ
那儿	nàr	代	そこ；あそこ	饿	è	形 お腹が空いている
那里	nàli	代	そこ；あそこ	同学	tóngxué	名 同級生
哪里	nǎli	代	どこ	六	liù	数 六
多	duō	形	多い	七	qī	数 七
朋友	péngyou	名	友達	八	bā	数 八
电话	diànhuà	名	電話	九	jiǔ	数 九
厕所	cèsuǒ	名	トイレ	十	shí	数 十
教室	jiàoshì	名	教室	百	bǎi	数 百
里	lǐ(li)	名	〜の中	零	líng	数 零
家	jiā	量	〜軒	千	qiān	数 千
饭店	fàndiàn	名	レストラン；ホテル	万	wàn	数 万
桌子	zhuōzi	名	机；テーブル	亿	yì	数 億

学習のポイント Point

1. 場所を表す代詞

这	那	哪
这儿 / 这里 zhèr/zhèli	那儿 / 那里 nàr/nàli	哪儿 / 哪里 nǎr/nǎli

2. "A有B" と "A在B"

我有很多朋友。　　Wǒ yǒu hěn duō péngyou.
这里没有电话。　　Zhèli méi yǒu diànhuà.
厕所在那儿。　　　Cèsuǒ zài nàr.
他不在教室里。　　Tā bú zài jiàoshì li.

〈練習1〉（　　）に適切な語を入れ、文を完成させなさい。

1）杯子（　　）桌子上。
2）图书馆里（　　）很多人。
3）他（　　）（　　）家。　［否定文］
4）这儿（　　）（　　）厕所。　［否定文］

3．省略疑問文

　　我饿了，你呢？　　Wǒ è le, nǐ ne?
　　李红吃面条，林惠呢？　　Lǐ Hóng chī miàntiáo, Lín Huì ne?

〈練習2〉語を並べ替えて文を完成させなさい。

　　1）咖啡　我　呢　喝　你　，？
　　2）去　我们　方便店　呢　你们　，？

4．数の表現

　　一 yī　　二 èr　　三 sān　　四 sì　　五 wǔ　　六 liù　　七 qī　　八 bā
　　九 jiǔ　　十 shí　　十一 shíyī　　十二 shí'èr　　十三 shísān ……　二十 èrshí
　　二十一 èrshiyī　　二十二 èrshi'èr ……　九十九 jiǔshijiǔ

　　一百 yìbǎi　　一百零一 yìbǎi líng yī　　一百一（十）yìbǎi yī(shí)　　二百 èrbǎi
　　三百四（十）sānbǎi sì(shí)　　一千 yìqiān　　一千零二 yìqiān líng èr
　　一千零一十 yìqiān líng yīshí　　两千 liǎngqiān　　六千七（百）liùqiān qī(bǎi)
　　一万 yíwàn　　两万 liǎngwàn　　一亿 yíyì　　二（两）亿 èr(liǎng)yì
　　十三亿 shísān yì

練習問題

CD◎53　1．CDを聞き、答えを漢字で書きなさい。

　　1）_____
　　2）_____
　　3）_____
　　4）_____
　　5）_____

2．ピンインを漢字に直し、質問にふさわしい答えを作りなさい。

　　1）Nǐ yǒu Zhōngguó péngyou ma?
　　2）Zhèli yǒu méi yǒu diànhuà?

3）Nǐmen de tóngxué zài nǎr?
4）Nǐ è bu è?

3．（　）に適切な量詞を入れなさい。［重複不可］
1）一（　）红茶　　2）两（　）书　　　3）三（　）学生
4）四（　）衣服　　5）五（　）汽车　　6）六（　）钢笔
7）七（　）信　　　8）两（　）饭店　　9）八（　）票
10）三（　）课　　11）我家有五（　）人。

4．（　）に所有（非所有）または存在（不在）を表す語を入れて、文を完成させなさい。
1）他（　）（　）电脑。　［否定文］
2）她（　）（　）弟弟。　［否定文］
3）你家（　）哪儿？

言葉の交差点 ❺ ……………………… 数詞＋量詞＋名詞

一把刀 yì bǎ dāo	两把椅子 liǎng bǎ yǐzi	三杯茶 sān bēi chá
四本书 sì běn shū	五个人 wǔ ge rén	六个苹果 liù ge píngguǒ
一封信 yì fēng xìn	两家工厂 liǎng jiā gōngchǎng	三间屋子 sān jiān wūzi
四件事 sì jiàn shì	五件衣服 wǔ jiàn yīfu	六辆汽车 liù liàng qìchē
七块手表 qī kuài shǒubiǎo	一位客人 yí wèi kèren	两头牛 liǎng tóu niú
三支笔 sān zhī bǐ	四口人 sì kǒu rén	五只猫 wǔ zhī māo
一条河 yì tiáo hé	两张床 liǎng zhāng chuáng	三张纸 sān zhāng zhǐ

※ "二"と"两"の使い分けの原則
「二番目」(second) という順序を表すときは"二"、「二つ」「二個」(two) など数量を表すときは"两"。
　第二课　dì-èr kè　　　二月二号　Èryuè èr hào
　两个人　liǎng ge rén　　两本书　liǎng běn shū

第6課

今年哪一年？

CD 54 スキットⅠ

李　红：　今年　哪一年？
Lǐ Hóng:　Jīnnián nǎ yì nián?

林　惠：　今年　二〇一〇年。
Lín Huì:　Jīnnián èr líng yī líng nián.

李　红：　今天　七月　二号　吗？
　　　　　Jīntiān Qīyuè èr hào ma?

林　惠：　今天　不是　二号，是　三号。
　　　　　Jīntiān bú shì èr hào, shì sān hào.

CD 55 スキットⅡ

李　红：　今天　星期几？
　　　　　Jīntiān Xīngqījǐ?

林　惠：　今天　星期四。
　　　　　Jīntiān Xīngqīsì.

李　红：　现在　几　点？
　　　　　Xiànzài jǐ diǎn?

林　惠：　现在　两点　三刻。
　　　　　Xiànzài liǎng diǎn sān kè.

CD 56　新出語句

今年 jīnnián 名 今年
几 jǐ 代 いくつ
年 nián 名 年
今天 jīntiān 名 今日
月 yuè 名 月

号 hào 量 ～日
星期 xīngqī 名 ～曜日；～週間
点 diǎn 量 ～時
刻 kè 量 一時間の四分の一

38

補充語句

日 rì 名 ～日		后天 hòutiān 名 あさって
星期天（星期日） Xīngqītiān(Xīngqīrì) 名 日曜日		前年 qiánnián 名 一昨年
分 fēn 量 ～分		去年 qùnián 名 去年
半 bàn 数 半		明年 míngnián 名 来年
差 chà 動 ～分前		后年 hòunián 名 再来年
早上 zǎoshang 名 朝		上 shàng 名 先の、前の
上午 shàngwǔ 名 午前		个 ge 量 ～個；～人
中午 zhōngwǔ 名 昼時		下 xià 名 次の；後の
下午 xiàwǔ 名 午後		春天 chūntiān 名 春
晚上 wǎnshang 名 晩；夜		秋天 qiūtiān 名 秋
前天 qiántiān 名 一昨日		分钟 fēnzhōng 名 ～分間
昨天 zuótiān 名 昨日		小时 xiǎoshí 名 ～時間
明天 míngtiān 名 あした		天 tiān 名 ～日（間）
		多大 duō dà 名 何歳か？

学習のポイント Point

1．西暦年・日付・曜日・時刻の言い方

一九九〇年 yī jiǔ jiǔ líng nián　　二〇〇六年 èr líng líng liù nián

二〇〇几年 èr líng líng jǐ nián

七月八号（日）Qīyuè bā hào (rì)　　几月几号（日）jǐ yuè jǐ hào (rì)

星期一 Xīngqīyī　　星期二 Xīngqī'èr　　星期三 Xīngqīsān……星期六 Xīngqīliù

星期天（日）Xīngqītiān (rì)　　星期几 Xīngqījǐ

一点 yì diǎn　　两点 liǎng diǎn　　三点 sān diǎn……十二点 shí'èr diǎn

几点 jǐ diǎn

四点（零）五分 sì diǎn (líng) wǔ fēn　　六点一刻 liù diǎn yí kè

七点半 qī diǎn bàn　　八点三刻 bā diǎn sān kè

差五分九点 chà wǔ fēn jiǔ diǎn

今天二〇一几年几月几号星期几？ Jīntiān èr líng yī jǐ nián jǐ yuè jǐ hào Xīngqījǐ?

〈練習1〉中国語で言ってみましょう。

1）今日は何曜日？　　2）明日は何日？　　3）いま何時？

39

第6課

2．時に関する表現

（1）
早上	上午	中午	下午	晚上
zǎoshang	shàngwǔ	zhōngwǔ	xiàwǔ	wǎnshang
前天	昨天	今天	明天	后天
qiántiān	zuótiān	jīntiān	míngtiān	hòutiān
前年	去年	今年	明年	后年
qiánnián	qùnián	jīnnián	míngnián	hòunián

上（个）月	上（个）星期	上（个）星期天
shàng (ge) yuè	shàng (ge) xīngqī	shàng (ge) Xīngqītiān
下（个）月	下（个）星期	下（个）星期天
xià (ge) yuè	xià (ge) xīngqī	xià (ge) Xīngqītiān

春天	夏天	秋天	冬天
chūntiān	xiàtiān	qiūtiān	dōngtiān

（2）
一分钟	两（个）小时	三天	四个星期	五个月	六年
yì fēnzhōng	liǎng(ge) xiǎoshí	sān tiān	sì ge xīngqī	wǔ ge yuè	liù nián
几分钟	几（个）小时	几天	几个星期	几个月	几年
jǐ fēnzhōng	jǐ (ge) xiǎoshí	jǐ tiān	jǐ ge xīngqī	jǐ ge yuè	jǐ nián

〈練習2〉中国語で表現しなさい。

1）昼　　2）明後日　　3）朝　　4）来週の金曜日　　5）一昨年
6）2分間　7）3時間　8）何日間　9）8ヶ月間　10）秋

3．名詞述語文

你多大？　Nǐ duō dà?
我十八岁。　Wǒ shíbā suì.　我不是十七岁。　Wǒ bú shì shíqī suì.
他北京人。　Tā Běijīngrén.　我不是上海人。　Wǒ bú shì Shànghǎirén.

〈練習3〉日本語に訳しなさい。

1）你东京人吗？　2）现在十一点三刻。　3）明天不是九月二十三号。

練習問題

1．スキットの内容に基づいて質問に答えなさい。

1）今年哪一年？
2）今天几月几号？
3）明天星期几？
4）现在几点？

2．実際の状況に基づいて質問に答えなさい。

1）Hòunián shì nǎ yì nián?
2）Zuótiān jǐ yuè jǐ hào?
3）Xiànzài jǐ diǎn jǐ fēn?
4）Nǐ jīnnián duō dà?

3．言葉を並べ替えて文を完成させなさい。

1）上海人　不　她们　是　。
2）差　十二点　现在　三分　。
3）星期　前天　几　？
4）几　上个　天　星期　号　？

言葉の交差点 ６ ……………………………… 今日は何の日？

例にならって今日の日付と自分の誕生日を言ってみましょう。

〈例〉　今天　十　月　四　号，星期一。
　　　 Jīntiān Shí yuè sì hào, Xīngqīyī.
　　　（今日は 10 月 4 日、月曜日です。）
　　　 我　的　生日　一九九一　年　十二　月　二十四　号。
　　　 Wǒ de shēngri yī jiǔ jiǔ yī nián Shí'èr yuè èrshisì hào.
　　　（私の誕生日は 1991 年 12 月 24 日です。）

第7課

我想去买东西

CD 58 スキット I

李　红：　明天　我　想　去买　东西，你也去吗？
Lǐ Hóng:　Míngtiān wǒ xiǎng qù mǎi dōngxi, nǐ yě qù ma?

林　惠：　我不去，我有事。你去哪儿买　东西？
Lín Huì:　Wǒ bú qù, wǒ yǒu shì. Nǐ qù nǎr mǎi dōngxi?

李　红：　我　去　商店　买　水果。你有　什么　事？
　　　　　Wǒ qù shāngdiàn mǎi shuǐguǒ. Nǐ yǒu shénme shì?

林　惠：　我　明天　去接　王　老师。她坐飞机　来　日本。
　　　　　Wǒ míngtiān qù jiē Wáng lǎoshī. Tā zuò fēijī lái Rìběn.

CD 59 スキット II

李　红：　那我　跟你一起去，行　不　行？
　　　　　Nà wǒ gēn nǐ yìqǐ qù, xíng bu xíng?

林　惠：　当然　可以，明天　从　大学　去　机场，好不好？
　　　　　Dāngrán kěyǐ, míngtiān cóng dàxué qù jīchǎng, hǎo bu hǎo?

李　红：　好，明天　见！
　　　　　Hǎo, míngtiān jiàn!

林　惠：　再见！
　　　　　Zàijiàn!

CD 60　新出語句

想 xiǎng 助動 ～したい	跟 gēn 前 ～と
买 mǎi 動 買う	一起 yìqǐ 副 一緒に
东西 dōngxi 名 もの	当然 dāngrán 副 もちろん
事 shì 名 用事；事	从 cóng 前 ～から
商店 shāngdiàn 名 商店	大学 dàxué 名 大学
水果 shuǐguǒ 名 果物	机场 jīchǎng 名 空港
接 jiē 動 迎える	见 jiàn 動 会う
坐 zuò 動 乗る；座る	再见 zàijiàn 動 さようなら
飞机 fēijī 名 飛行機	

CD⦿61

補充語句

宿舍	sùshè	名	宿舎
家	jiā	名	家
玩儿	wánr	動	遊ぶ
大衣	dàyī	名	コート
暑假	shǔjià	名	夏休み
留学	liúxué	動	留学する
电影	diànyǐng	名	映画
会议	huìyì	名	会議
开始	kāishǐ	動	始める；始まる

上课	shàngkè	動	授業をする；授業を受ける
骑	qí	動	（自転車などに）乗る
裙子	qúnzi	名	スカート
自行车	zìxíngchē	名	自転車
饭	fàn	名	ごはん；食事
食堂	shítáng	名	食堂
旅行	lǚxíng	動	旅行する；名 旅行
衬衫	chènshān	名	シャツ；ブラウス

学習のポイント Point

1．連動文

我去机场接朋友。　　Wǒ qù jīchǎng jiē péngyou.
林同学来宿舍看我。　　Lín tóngxué lái sùshè kàn wǒ.

〈練習１〉語を並べ替えて文を完成させなさい。

1）看　她　图书馆　去　书　。
2）家　玩儿　来　李红　我　。

2．助動詞 "想"

暑假我们想去中国留学。　　Shǔjià wǒmen xiǎng qù Zhōngguó liúxué.
我不想买大衣。　　Wǒ bù xiǎng mǎi dàyī.

〈練習２〉（　　）に適切な語を入れて、文を完成させなさい。

1）他（　　）吃面条。　［肯定文］
2）你（　　）去旅行（　　）？　［あなたは旅行に行きたいですか］
3）我（　　）（　　）坐飞机。　［否定文］

3．前置詞 "跟" "从"

我跟他一起去看电影。　　Wǒ gēn tā yìqǐ qù kàn diànyǐng.
大学从九点开始上课。　　Dàxué cóng jiǔ diǎn kāishǐ shàngkè.

〈練習3〉日本語に訳しなさい。
1）我跟她一起去买衬衫。
2）会议从上午九点半开始。

練習問題

1．CDを聞き、答えを漢字で書きなさい。

1)＿＿＿＿＿＿＿＿＿＿＿＿＿＿＿＿＿＿＿＿＿＿＿＿＿＿＿＿

2)＿＿＿＿＿＿＿＿＿＿＿＿＿＿＿＿＿＿＿＿＿＿＿＿＿＿＿＿

3)＿＿＿＿＿＿＿＿＿＿＿＿＿＿＿＿＿＿＿＿＿＿＿＿＿＿＿＿

2．誤りを正しなさい。
1）我一起跟他吃饭。
2）我们去食堂从教室。
3）我想去留学美国。
4）明天去接王老师谁？
5）我想不买裙子。

3．語を並べ替えて文を完成させなさい。
1）骑 大学 他 自行车 来 。
2）今天 学习 开始 我 汉语 从 。
3）一起 你 下午 喝 我 和 茶 想 。［"我"を主語に］
4）看 不 我 现在 想 电影 。

言葉の交差点 ⑦ ……………………… 同意・了解を求める

──我们去吃饭，好吗？　Wǒmen qù chīfàn, hǎo ma?
　　我们去吃饭，好不好？　Wǒmen qù chīfàn, hǎo bu hǎo?
　　　　──好（的）。　Hǎo (de).

──这样做，行吗？　Zhèyang zuò, xíng ma?
　　这样做，行不行？　Zhèyang zuò, xíng bu xíng?
　　　　──行！　Xíng!

──这个给我，可以吗？　Zhège gěi wǒ, kěyǐ ma?
　　这个可不可以给我？　Zhège kě bu kěyǐ gěi wǒ?
　　　　──可以。　Kěyǐ.

言葉の交差点 ⑧ ……………………… 人の呼び名

同輩あるいは年下の人の姓の前に"小"をつけると、親しみのこもった呼び名になります。
　例：　小　杨　　　　　小　黄
　　　　Xiǎo　Yáng　　　Xiǎo　Huáng
親しい間柄でも、目上の人なら、"老"をつけます。
　例：　老　周　　　　　老　吴
　　　　Lǎo　Zhōu　　　Lǎo　Wú
なお、姓には少数ながら、"司马 Sīmǎ""欧阳 Ōuyáng"などの複姓もあります。複姓の前には"小"や"老"はつけません。

第8課 可以吗？

CD 63 スキット I

李 红： 这 本 书，我 看 一 下，可 以 吗？
Lǐ Hóng: Zhè běn shū, wǒ kàn yí xià, kěyǐ ma?

林 惠： 可以，这 是 我们 现在 用 的 课本。
Lín Huì: Kěyǐ, zhè shì wǒmen xiànzài yòng de kèběn.

李 红： 谁 教 你们 汉语？
Shéi jiāo nǐmen Hànyǔ?

林 惠： 王 老师 教 我们 汉语。
Wáng lǎoshī jiāo wǒmen Hànyǔ.

CD 64 スキット II

李 红： 哎，明天 晚上 有 一 个 联欢会。你 通知
Āi, míngtiān wǎnshang yǒu yí ge liánhuānhuì. Nǐ tōngzhī

一 下 山本，好 吗？
yí xià Shānběn, hǎo ma?

林 惠： 好 的，我 一定 告诉 她 这个 好 消息。
Hǎo de, wǒ yídìng gàosu tā zhège hǎo xiāoxi.

CD 65 新出語句

一下 yí xià ちょっと〜する
用 yòng 動 使う
课本 kèběn 名 教科書
教 jiāo 動 教える
哎 āi 嘆 ねえ；ほら
联欢会 liánhuānhuì 名 交歓会；交流会

通知 tōngzhī 動 知らせる
的 de 助 文末に用い、確定の語気を表す
一定 yídìng 副 必ず；きっと
告诉 gàosu 動 告げる；知らせる
消息 xiāoxi 名 ニュース；知らせ

補充語句

台　tái　量　機械などを数える
位　wèi　量　敬意をもって人を数える
只　zhī　量　動物などを数える
猫　māo　名　ネコ
张　zhāng　量　平らな面をもつ物を数える
票　piào　名　切符；チケット
车　chē　名　車；自転車
等　děng　動　待つ
打电话　dǎ diànhuà　電話をかける

送　sòng　動　贈る
礼物　lǐwù　名　プレゼント
姐姐　jiějie　名　姉
给　gěi　動　与える
本　běn　量　～冊
手表　shǒubiǎo　名　腕時計
件　jiàn　量　事柄や衣服などを数える
什么时候　shénme shíhou　いつ
块　kuài　量　塊状の物を数える

学習のポイント Point

1．指示代詞＋（数詞）＋量詞＋名詞

这台电脑　zhè tái diànnǎo　　　这位老师　zhè wèi lǎoshī
那只猫　nà zhī māo　　　这两张票　zhè liǎng zhāng piào
那两个学生　nà liǎng ge xuésheng　　这些书　zhèxiē shū
那些笔记本　nàxiē bǐjìběn

〈練習1〉日本語の意味に従って、（　）に適切な語を入れなさい。

1）你买（　）（　）手表？　［あなたはどの腕時計を買いますか］
2）我（　）买这（　）（　）书。　［わたしはこの二冊の本を買いたい］

2．動詞＋"一下"

我用一下你的车，可以吗？　Wǒ yòng yí xià nǐ de chē, kěyǐ ma?
我们等他一下。　Wǒmen děng tā yí xià.

〈練習2〉日本語の意味に従って、（　）に適切な言葉を入れなさい。

1）我骑（　　）这（　）自行车，可以吗？
　　　　　　　　　　［ちょっとこの自転車に乗ってもよろしいですか］
2）（　　）（　　）书我看（　　），可以吗？
　　　　　　　　　　［ちょっとこの本を読んでもいいですか］

3．二重目的語文

他送她一个礼物。　Tā sòng tā yí ge lǐwù.
姐姐给我一本汉语书。　Jiějie gěi wǒ yì běn Hànyǔ shū.

〈練習3〉日本語に訳しなさい。
1）我给弟弟两支钢笔。
2）妈妈送爸爸一个生日礼物。

練習問題

CD◎67　1．CDを聞き、答えを漢字で書きなさい。

1）_____

2）_____

3）_____

2．日本語の意味に従って、語句を並べ替えなさい。

1）ちょっと電話をかけてもよろしいですか。
　　一下　打　电话　可以　吗　我　，　？

2）母はわたしに腕時計を一つくれた。
　　给　我　妈妈　手表　一　块　。

3）わたしはこのことを彼に知らせたくない。
　　我　这件事　他　不　告诉　想　。

4）ちょっとこれらの本を読みなさい。
　　这些　一下　你　书　看　。

3．誤りを正しなさい。
　　1）那二个老师的身体很健康。
　　2）可以我一下看吗?
　　3）林惠给一张中国电影票李红。["林惠"を主語に]
　　4）我想买一台桌子。

4．中国語に訳しなさい。［言葉の交差点（9）を参考に］
　　1）わたしの母
　　2）先生の教科書
　　3）明日の午後
　　4）中国語を学ぶ学生
　　5）母がわたしにプレゼントしてくれたコート

言葉の交差点 ❾　　　　　　　　　　　　　　"的"のはたらき

"A 的 B" という型では、B は名詞、A は B の修飾語です。A を構成する要素には次のようなものがあります。

汉语的发音〈名詞〉　　　　　　　你的杂志〈代詞〉
新的笔记本〈形容詞〉　　　　　　教汉语的老师〈動詞＋目的語〉
我们现在用的课本〈主述構造〉

いずれも、状況から判断して自明のことであれば、B は省略できます。他に"的"には、文末に置いて確定の語気を表す、過去の出来事を強調する、などのはたらきもあります。

第9課

邮局在哪里？

スキット I

李　红： 请问，邮局在哪里？
Lǐ Hóng: Qǐngwèn, yóujú zài nǎli?

过路人： 你看，那是银行，邮局在它后边。
guòlùrén: Nǐ kàn, nà shì yínháng, yóujú zài tā hòubian.

李　红： 谢谢！对了，车站离这儿远吗？
　　　　 Xièxie! Duì le, chēzhàn lí zhèr yuǎn ma?

过路人： 不远，就在那家饭店的前面。
　　　　 Bù yuǎn, jiù zài nà jiā fàndiàn de qiánmian.

スキット II

林　惠： 昨天你在百货商场买了些什么？
　　　　 Zuótiān nǐ zài bǎihuò shāngchǎng mǎile xiē shénme?

李　红： 我买了一件衬衫和一条裙子。
　　　　 Wǒ mǎile yí jiàn chènshān hé yì tiáo qúnzi.

林　惠： 你去书店了吗？
　　　　 Nǐ qù shūdiàn le ma?

李　红： 我没去。
　　　　 Wǒ méi qù.

新出語句

请问　qǐngwèn　動　おたずねします
邮局　yóujú　名　郵便局
过路人　guòlùrén　名　通行人
银行　yínháng　名　銀行
后边　hòubian　名　後ろ
谢谢　xièxie　動　ありがとう；感謝する
对了　duìle　慣　そうだ
车站　chēzhàn　名　駅；停留所
离　lí　前　～から；～まで
远　yuǎn　形　遠い

就　jiù　副　すぐに；じきに
前面　qiánmian　名　前
在　zài　前　～で；～に
百货商场　bǎihuò shāngchǎng　名　デパート
了　le　助　変化や完了を表す
些　xiē　量　いくつか
和　hé　前　～と
条　tiáo　量　細長い物を数える
书店　shūdiàn　名　本屋

50

補充語句

书包	shūbāo	名	かばん
公司	gōngsī	名	会社
工作	gōngzuò	動	働く
病	bìng	名	病気
已经	yǐjing	副	すでに
最近	zuìjìn	名	最近
便宜	piányi	形	（値段）が安い
没有	méiyǒu	副	〜していない
下课	xiàkè	動	授業が終わる
裤子	kùzi	名	ズボン
超级市场	chāojí shìchǎng	名	スーパーマーケット
高兴	gāoxìng	形	うれしい；喜ぶ
春节	Chūnjié	名	旧正月
寒假	hánjià	名	冬休み
们	men	尾	人を表す名詞に付き、複数を表す
妈妈	māma	名	母；お母さん

学習のポイント Point

1. 動詞の"在"と前置詞の"在"

明天你在家吗？　　Míngtiān nǐ zài jiā ma?
学生在教室上课。　Xuésheng zài jiàoshì shàngkè.

〈練習1〉（　）に言葉を入れて、自由に文を作りなさい。

1）（　　）在（　　）。　［動詞の"在"］
2）（　　）在（　①　）（　②　）。　［前置詞の"在"］
　　　　　　　　　　　　　　　　①には場所詞を②には動詞を入れる。

2. "了"

（1）変化の"了"

她的病已经好了。　Tā de bìng yǐjing hǎo le.
我十九岁了。　　　Wǒ shíjiǔ suì le.
他今天不来了。　　Tā jīntiān bù lái le.

〈練習2〉日本語に訳しなさい。

1）我也是大学生了。
2）最近飞机票便宜了。

（2）完了の"了"

A: 昨天你去了吗？　Zuótiān nǐ qù le ma?　── B: 我去了。　Wǒ qù le.
A: 昨天你去了没有？　Zuótiān nǐ qù le méiyǒu?　── B: 我没去。　Wǒ méi qù.
明天我下了课去刘老师家。　Míngtiān wǒ xiàle kè qù Liú lǎoshī jiā.

〈練習3〉日本語の意味に従って、（　）に適切な語を入れなさい。

1）哥哥（　）百货商场买（　）两（　）裤子。
　　　　　　　　　　　　　　［お兄さんはデパートで二本のズボンを買った］
2）昨天你去大学（　）（　）？
　　　　　　　　　［昨日あなたは大学へ行きましたか。※"吗"を使わずに表現しなさい］
3）我（　）（　）（　）去超级市场买东西。
　　　　　　　　　　　　　［わたしは授業が終わってからスーパーへ買い物に行きます］

3．前置詞 "离"

1）你家离大学远不远？　　Nǐ jiā lí dàxué yuǎn bu yuǎn?
2）离春节还有两个月。　　Lí Chūnjié hái yǒu liǎng ge yuè.

〈練習4〉日本語に訳しなさい。

1）邮局离车站不远。
2）离寒假还有两个星期。

練習問題

CD◎72　1．CDを聞き、答えを漢字で書きなさい。

1）＿＿＿＿＿＿＿＿＿＿＿＿＿＿＿＿＿＿＿＿＿＿＿＿＿＿＿＿＿＿＿＿＿

2）＿＿＿＿＿＿＿＿＿＿＿＿＿＿＿＿＿＿＿＿＿＿＿＿＿＿＿＿＿＿＿＿＿

3）＿＿＿＿＿＿＿＿＿＿＿＿＿＿＿＿＿＿＿＿＿＿＿＿＿＿＿＿＿＿＿＿＿

2．日本語の意味に従って、語を並べ替えなさい。

1）姉のカバンは机の上にあります。
　　书包　姐姐　的　上　桌子　在　。
2）父の会社は家から遠いです。
　　公司　我们　很　家　爸爸　的　离　远。
3）わたしはもうコーヒーを飲むのをやめました。
　　咖啡　我　已经　不　了　喝　。

4）学生たちは教室から食堂へご飯を食べに行きます。
　　　　去　教室　食堂　吃饭　从　学生　们　。
　　5）あなたはこの大学で学んで嬉しいですか。
　　　　这个　学习　你　大学　在　吗　高兴　很　，？

3．誤りを正しなさい。

　　1）车站饭店的前面就在。
　　2）她昨天没来工作了。
　　3）她们已经下课。
　　4）邮局从这儿很远。

4．中国語に訳しなさい。［言葉の交差点（10）を参考に］

　　1）教室の中
　　2）郵便局のそば
　　3）会社の南側
　　4）レストランの向かい

言葉の交差点 ⑩　　　　　　方位詞

方位詞＼接尾辞	上 shàng	下 xià	前 qián	后 hòu	里 lǐ	外 wài	左 zuǒ	右 yòu	东 dōng	南 nán	西 xī	北 běi	旁 páng	对 duì
边 bian	○	○	○	○	○	○	○	○	○	○	○	○	○	×
面 mian	○	○	○	○	○	○	○	○	○	○	○	○	×	○
头 tou	○	○	○	○	○	○	×	×	×	×	×	×	×	×

※ "×"は一般に結合しないもの。
※ "旁边""里面"の発音はそれぞれ pángbiān, lǐmiàn。

第10課 Lesson 10

你在干什么？

CD73 スキットⅠ

妹妹： 姐，你在干什么？
mèimei: Jiě, nǐ zài gàn shénme?

姐姐： 我在复习功课呢。
jiějie: Wǒ zài fùxí gōngkè ne.

妹妹： 爸爸在哪里？
Bàba zài nǎli?

姐姐： 爸爸在书房看书呢。
Bàba zài shūfáng kàn shū ne.

妹妹： 哥哥已经回来了吗？
Gēge yǐjing huílaile ma?

姐姐： 哥哥还没回来。
Gēge hái méi huílai.

CD74 スキットⅡ

妹妹： 姐，你会游泳吗？
Jiě, nǐ huì yóuyǒng ma?

姐姐： 我会。我能游两公里。
Wǒ huì. Wǒ néng yóu liǎng gōnglǐ.

妹妹： 我们一起去游泳吧。
Wǒmen yìqǐ qù yóuyǒng ba.

姐姐： 我不能去。我得准备考试。
Wǒ bù néng qù. Wǒ děi zhǔnbèi kǎoshì.

CD75 🎵 新出語句

姐 jiě 名 姉；姉さん	复习 fùxí 動 復習する
在 zài 副 ～している	功课 gōngkè 名 授業
干 gàn 動 する；やる	

呢　ne　助　文末に用い、動作の進行や状態の持続を表す
书房　shūfáng　名　書斎
哥哥　gēge　名　兄；兄さん
回来　huílai　動　帰ってくる
会　huì　助動　〜することができる
游泳　yóuyǒng　動　泳ぐ

能　néng　助動　〜することができる
游　yóu　動　泳ぐ
公里　gōnglǐ　量　キロメートル
吧　ba　助　〜しよう；〜しなさい；〜でしょう
得　děi　助動　〜しなければならない
准备　zhǔnbèi　名動　準備（する）
考试　kǎoshì　名動　試験（をする）

CD◎76　補充語句

正在　zhèngzài　副　ちょうど〜しているところだ
打扫　dǎsǎo　動　掃除する
房间　fángjiān　名　部屋
穿　chuān　動　着る；履く
着　zhe　助　〜ている
红　hóng　形　赤い
毛衣　máoyī　名　セーター
唱　chàng　動　歌う
歌　gē　名　歌
双　shuāng　量　対になったものを数える
蓝　lán　形　青い

袜子　wàzi　名　靴下
国际电话　guójì diànhuà　名　国際電話
交　jiāo　動　提出する
开　kāi　動　運転する
抽　chōu　動　吸う
烟　yān　名　タバコ
走　zǒu　動　行く；歩く
快　kuài　形　はやい（はやく）
知道　zhīdao　動　知っている
打工　dǎgōng　動　アルバイトをする
酒　jiǔ　名　酒

学習のポイント　Point

1．動作の進行・状態の持続

妈妈正在打扫房间呢。　　Māma zhèngzài dǎsǎo fángjiān ne.
妹妹穿着一件漂亮的红毛衣。　Mèimei chuānzhe yí jiàn piàoliang de hóng máoyī.
他们正在喝着咖啡呢。　　Tāmen zhèngzài hēzhe kāfēi ne.

〈練習1〉（　　）に言葉を入れて、自由に文を作りなさい。

1）姐姐正在（　　　　　　）。
2）妹妹穿着（　　　　　　）。

2．助動詞 "会" "能" "得"

她会说汉语，也会说英语。　Tā huì shuō Hànyǔ, yě huì shuō Yīngyǔ.
我们大学里能打国际电话。　Wǒmen dàxué li néng dǎ guójì diànhuà.
明天我得交作业。　　Míngtiān wǒ děi jiāo zuòyè.

第10課

〈練習2〉日本語の意味に従って、（　）に適切な語を入れなさい。

1）你（　）说汉语吗？　［あなたは中国語が話せますか］
2）这里（　）（　）抽烟。　［ここではタバコを吸ってはいけない］
3）明天我（　）去打工。　［明日バイトに行かなければならない］

3．"吧"（勧誘・命令・推量）

今天晚上我们一起吃饭吧。　　Jīntiān wǎnshang wǒmen yìqǐ chīfàn ba.
你快回来吧！　Nǐ kuài huílai ba!
你们快回来！　Nǐmen kuài huílai!
汉语不难吧？　Hànyǔ bù nán ba?

〈練習3〉日本語に訳しなさい。

1）暑假我们一起去中国吧。
2）你快去吧！
3）爸爸不知道这件事吧？

練習問題

CD⊙77　1．CDを聞き、答えを漢字で書きなさい。

1）＿＿＿＿＿＿＿＿＿＿＿＿＿＿＿＿＿＿＿＿＿＿＿

2）＿＿＿＿＿＿＿＿＿＿＿＿＿＿＿＿＿＿＿＿＿＿＿

3）＿＿＿＿＿＿＿＿＿＿＿＿＿＿＿＿＿＿＿＿＿＿＿

2．日本語の意味に従って、（　）に適切な語を入れなさい。

1）弟弟穿（　）一（　）蓝袜子。
　　［弟は一足の青い靴下を履いている］
2）妈妈不（　）开车。
　　［母は車の運転ができない］

3）明天我有事，不（　）去。
　　［明日わたしは用事があって行けない］
4）后天我（　）去机场接王老师。
　　［明後日わたしは空港へ王先生を迎えに行かなければならない］

3．日本語に訳しなさい。

1）姐姐正在唱歌。
2）他有病，不能喝酒。
3）你还没打扫房间吧?
4）老师等着你呢。

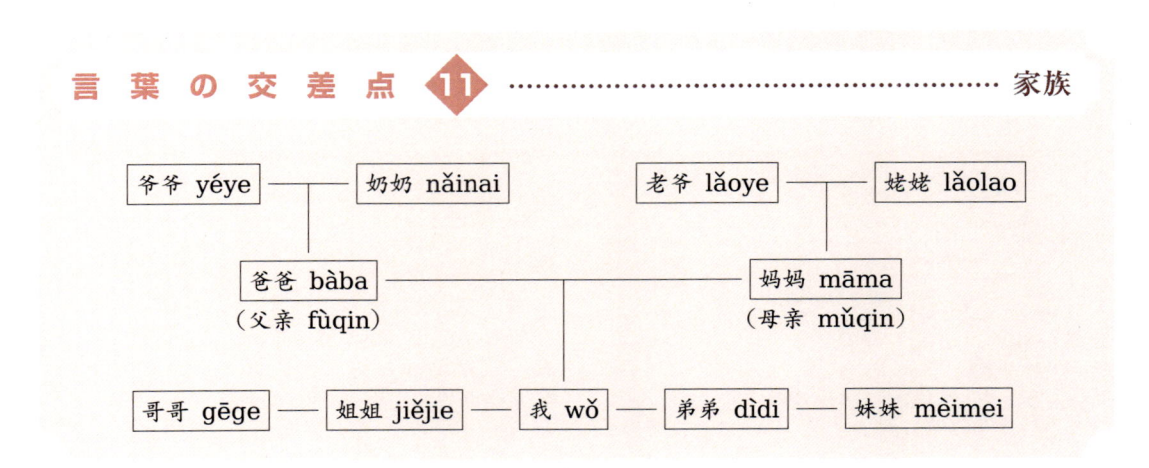

言葉の交差点 ⑪ ……………………………… 家族

爷爷 yéye ── 奶奶 nǎinai　　老爷 lǎoye ── 姥姥 lǎolao

爸爸 bàba　　　　　　　　　妈妈 māma
（父亲 fùqin）　　　　　　　（母亲 mǔqin）

哥哥 gēge ── 姐姐 jiějie ── 我 wǒ ── 弟弟 dìdi ── 妹妹 mèimei

第 11 課

你妈妈今年多大岁数？

CD◎78 スキットⅠ

李　红：　你妈妈今年多大岁数？
Lǐ Hóng:　Nǐ māma jīnnián duō dà suìshu?

林　惠：　她今年四十四岁了。
Lín Huì:　Tā jīnnián sìshisì suì le.

李　红：　你妈妈会说汉语吗？
　　　　　Nǐ māma huì shuō Hànyǔ ma?

林　惠：　我妈妈学过一年汉语，会说一点儿。
　　　　　Wǒ māma xuéguo yì nián Hànyǔ, huì shuō yìdiǎnr.

CD◎79 スキットⅡ

李　红：　你爸爸学过汉语没有？
　　　　　Nǐ bàba xuéguo Hànyǔ méiyǒu?

林　惠：　他没学过。你每天学习几个小时日语？
　　　　　Tā méi xuéguo. Nǐ měi tiān xuéxí jǐ ge xiǎoshí Rìyǔ?

李　红：　一般一个小时左右。
　　　　　Yìbān yí ge xiǎoshí zuǒyòu.

　　　　　昨天也听了一个小时录音。
　　　　　Zuótiān yě tīngle yí ge xiǎoshí lùyīn.

CD◎80　新出語句

多	duō	副	どれほど：どのくらい
岁数	suìshu	名	年齢
学	xué	動	学ぶ
过	guo	助	〜したことがある
一点儿	yìdiǎnr	名	少し

每天	měi tiān	名	毎日
一般	yìbān	副	普通は
左右	zuǒyòu	名	〜ぐらい
录音	lùyīn	名	録音

CD◎81

補充語句

年轻 niánqīng 形 若い	半天 bàntiān 名 半日；長い間
的时候 de shíhou ～のとき；～するとき	睡觉 shuìjiào 動 眠る；寝る
法语 Fǎyǔ 名 フランス語	爷爷 yéye 名 （父方の）祖父；おじいさん
找 zhǎo 動 さがす；訪ねる	外国 wàiguó 名 外国

学習のポイント Point

1．"过"

爷爷年轻的时候去过美国。　　Yéye niánqīng de shíhou qùguo Měiguó.
我没去过中国，我很想去。　　Wǒ méi qùguo Zhōngguó, wǒ hěn xiǎng qù.

〈練習1〉1）経験したことがあると2）ない、二通りの意味の文を作ってみましょう。

1）
2）

2．"一点儿"（動詞＋"一点儿"、形容詞＋"一点儿"）

她会说一点儿德语。　　Tā huì shuō yìdiǎnr Déyǔ.
今天比昨天冷一点儿。　　Jīntiān bǐ zuótiān lěng yìdiǎnr.

〈練習2〉日本語の意味に従って、（　）に適切な言葉を入れなさい。

1）你（　）吃（　　　）吧。　　［あなたもちょっと食べてください］
2）妹妹（　）我高（　　　）。　　［妹はわたしより少し背が高い］

3．時点と時量

我下午五点开始打工。　　Wǒ xiàwǔ wǔ diǎn kāishǐ dǎgōng.
我每天打三个小时的工。　　Wǒ měi tiān dǎ sān ge xiǎoshí de gōng.
我找了他半天，他不在。　　Wǒ zhǎole tā bàntiān, tā bú zài.

〈練習3〉日本語の意味に従って、（　）に適切な語を入れなさい。

1）我今天晚上（　　）（　）睡觉。　　［わたしは今夜11時に寝る］
2）我每天复习三十（　　　）功课。　　［わたしは毎日30分間授業の復習をする］

第11課

練習問題

CD◎82 1．CDを聞き、答えを漢字で書きなさい。

1) _____

2) _____

3) _____

2．言葉の交差点（12）を参考にし、次の答えに合わせて質問を設定しなさい。

1) _____ ——小刘二十岁了。

2) _____ ——我弟弟今年六岁。

3) _____ ——我爷爷七十岁了。

3．日本語の意味に従って、語を並べ替えなさい。

1) 彼女は中国語と英語を話せます。
会　汉语　英语　和　她　说　。

2) わたしは外国へ行ったことがない。
我　外国　没　过　去　。

3) あなたは毎日何時に寝ますか。
你　睡觉　每天　几点　？

4．日本語の意味に従って、（　）に適切な語を入れなさい。

1) 玩了（　）（　）。　[三日間遊んだ]
2) 等了一个半（　）。　[一時間半待った]
3) 学了一（　）月法语。　[フランス語を1ヶ月習った]
4) 九月四（　）去。　[九月四日に行きます]

言葉の交差点 12 ……………………………… 年齢をたずねる

——小朋友，你几岁了？　　　　　Xiǎopéngyou, nǐ jǐ suì le?
　——我七岁了。　　　　　　　　　Wǒ qī suì le.

——你多大了？　　　　　　　　　Nǐ duō dà le?
　——我十九岁了。　　　　　　　　Wǒ shíjiǔ suì le.

——您多大岁数（年纪）了？　　　Nín duō dà suìshu (niánjì) le?
　——我六十五岁了。　　　　　　　Wǒ liùshiwǔ suì le.

言葉の交差点 13 ……………………………… 離合詞

　"帮助 bāngzhù" "帮忙 bāngmáng" は、いずれも「手助けする」という意味で同義語ですが、語を構成する二つの文字の表す意味の関係に違いがあります。"帮助" は「助ける」という共通の意味を持つ字を並べたものであるのに対し、"帮忙" は「忙しさを手助けする」という意味で、〈動詞＋目的語〉の構造になっています。そのため、「彼の手助けをする」と言いたいときには、それぞれ "帮助他" "帮他的忙" となり、違いが生じます。
　この "帮忙" のように、一つの動詞でありながら、間に他の要素を挿入できる動詞を「離合詞」といいます。本課にある "打工" "睡觉" も離合詞です。

第 12 課

山本一定会来的

CD 83 スキット I

林　惠：　山本　怎么　还　没　来？
Lín Huì:　Shānběn zěnme hái méi lái?

李　红：　山本　一定　会　来　的。给　她　打　个　电话　吧。
Lǐ Hóng:　Shānběn yídìng huì lái de. Gěi tā dǎ ge diànhuà ba.

林　惠：　我　可以　用用　你的　手机　吗？
　　　　　Wǒ kěyǐ yòngyong nǐ de shǒujī ma?

李　红：　可以　啊！
　　　　　Kěyǐ a!

林　惠：　山本　说　她　一会儿　就　到。
　　　　　Shānběn shuō tā yíhuìr jiù dào.

CD 84 スキット II

李　红：　山本，你　怎么　迟到　了？
　　　　　Shānběn, nǐ zěnme chídào le?

山　本：　今天　临时　有　点儿　事。来晚　了，真　不好意思。
　　　　　Jīntiān línshí yǒu diǎnr shì. Láiwǎn le, zhēn bù hǎo yìsi.

CD 85　新出語句

怎么 zěnme 代 どうして；なぜ；どのように
会 huì 助動 〜はずだ；きっと〜だろう
给 gěi 前 〜に；〜のために
可以 kěyǐ 助動 〜できる；〜してもよい
手机 shǒujī 名 携帯電話
啊 a 助 同意の気持ちを表す
一会儿 yíhuìr 副 間もなく

到 dào 動 到着する
迟到 chídào 動 遅刻する
临时 línshí 副 その時になって
点儿 diǎnr 量 少量を表す
晚 wǎn 形 遅い
真 zhēn 副 実に
不好意思 bù hǎo yìsi 恥ずかしい；申し訳ない

補充語句

同意 tóngyì 動 賛成する		参加 cānjiā 動 参加する	
下雨 xiàyǔ 動 雨が降る		会 huì 名 会；パーティー	
大概 dàgài 副 たぶん		呢 ne 助 疑問の語気を表す	
信 xìn 名 手紙		久 jiǔ 形 長い	
孩子 háizi 名 子供		国 guó 名 国	
讲 jiǎng 動 話す		友好 yǒuhǎo 形 友好的だ	
故事 gùshi 名 物語		帮助 bāngzhù 動 助ける；手伝う	
休息 xiūxi 動 休む			

学習のポイント Point

1. 助動詞 "会" "可以"

明天会下雨吗？　Míngtiān huì xiàyǔ ma?
他不会同意这件事的。　Tā bú huì tóngyì zhè jiàn shì de.
你可以走了。　Nǐ kěyǐ zǒu le.

〈練習1〉（　）に言葉を入れて、自由に文を作り、日本語に訳しなさい。

1）她明天大概会（　　　）吧？
2）你一定会（　　　）的。
3）我可以（　　　）。

2. 前置詞 "给"

爸爸给孩子讲故事。　Bàba gěi háizi jiǎng gùshi.
我很久没给妈妈写信。　Wǒ hěn jiǔ méi gěi māma xiě xìn.

〈練習2〉日本語に訳しなさい。

1）你给谁打电话？
2）王老师给我们上汉语课。

3. 動詞の重ね型

你听听音乐吧。　Nǐ tīngting yīnyuè ba.
你听一听音乐吧。　Nǐ tīngyitīng yīnyuè ba.

我们休息休息吧。　　Wǒmen xiūxi xiuxi ba.

〈練習３〉日本語の意味に従って、（　）に適切な語を入れなさい。
　　１）你喝（　　）喝这杯咖啡吧！　［ちょっとこのコーヒーを飲んでみて］
　　２）你帮助（　　）她吧！　［あなたはちょっと彼女を手伝ってあげなさい］

練習問題

CD◎87　１．CD を聞き、（　）を埋め、全文を日本語に訳しなさい。

　　　　林惠、李红和山本三个人是好①（　　　　）。今天②（　　　　）她们大学里有个③（　　　　）。她们三个人都去④（　　　　）。她们想⑤（　　　　）车站坐车去。林惠、李红都⑥（　　　　）车站了。山本⑦（　　　　）没来。林惠⑧（　　　　）山本⑨（　　　　）了个电话。她们⑩（　　　　）了五分钟，山本就到了。

２．日本語の意味に従って、語を並べ替えなさい。
　　１）彼はアメリカへ行くはずがない。
　　　　不　他　去　的　会　美国　。

　　２）ちょっと休んでもいいですか。
　　　　可以　休息　我　休息　吗　？

　　３）わたしは父に誕生日のプレゼントを買った。
　　　　我　爸爸　生日　礼物　给　了　买　。

3．日本語に訳しなさい。
　　1）日中两国一定会友好的。
　　2）一会儿就去。
　　3）这儿可不可以抽烟？

言葉の交差点 ⑭ ……………………………… あいさつ（1）

1）謝られたとき	→	没关系！	Méi guānxi!	（構いません）
2）労をねぎらうとき	→	辛苦了！	Xīnkǔ le!	（お疲れさま）
3）相手を待たせたとき	→	让你久等了！	Ràng nǐ jiǔ děng le!	（お待たせしました）
4）お茶をすすめるとき	→	请喝茶！	Qǐng hē chá!	（お茶をどうぞ）
5）席をすすめるとき	→	请坐！	Qǐng zuò!	（お掛けください）
6）久しぶりに会ったとき	→	好久不见！	Hǎojiǔ bú jiàn!	（お久しぶりです）
7）遅れてきたとき	→	我来晚了。	Wǒ lái wǎn le.	（遅くなりました）
8）出迎えるとき	→	欢迎，欢迎！	Huānyíng, huānyíng!	（ようこそ）

言葉の交差点 ⑮ ………… 中国語の漢字音と日本語の漢字音

　日本語の漢字音は古い時代にもともと中国語の漢字音を模倣して取り入れたものですが、その後、種々の変遷があったため、両者の対応関係は、今はよほどの専門家でもない限り、見いだしにくくなっています。ただ、初心者にもすぐ分かる対応関係が一つあり、知っておくと便利です。それは中国語で「n」で終わるものは日本語では「ン」で終わり、中国語で「ng」で終わるものは日本語で「イ」か「ウ」で終わるということです（わずかながら例外もあります）。

	中国語	日本語		中国語	日本語
新	xīn	シン	深	shēn	シン
星	xīng	セイ・ショウ	生	shēng	セイ・ショウ

第12課

第13课

快考试了

CD 88 スキットⅠ

李 红： 我 今天 不太 舒服。
Lǐ Hóng: Wǒ jīntiān bú tài shūfu.

林 惠： 你 恐怕 感冒 了。好好儿 地 睡 一 觉 吧。
Lín Huì: Nǐ kǒngpà gǎnmào le. Hǎohāor de shuì yí jiào ba.

李 红： 不 行，快 考试 了，我 要 去 上课。
Bù xíng, kuài kǎoshì le, wǒ yào qù shàngkè.

林 惠： 不用 担心，我 帮 你 复习。
Búyòng dānxīn, wǒ bāng nǐ fùxí.

CD 89 スキットⅡ

林 惠： 你 好好儿 休息 了 没有？
Nǐ hǎohāor xiūxi le méiyǒu?

李 红： 睡了 一 觉，好 多 了。
Shuìle yí jiào, hǎo duō le.

林 惠： 今天 的课不多。我 给 你 复习 一 下 吧。
Jīntiān de kè bù duō. Wǒ gěi nǐ fùxí yí xià ba.

李 红： 真 得 谢谢 你 了！
Zhēn děi xièxie nǐ le!

林 惠： 哪儿 的 话，这 是 我 应该 做 的。
Nǎr de huà, zhè shì wǒ yīnggāi zuò de.

CD 90 新出語句

不太 bú tài あまり～でない
舒服 shūfu 形 体調がよい
恐怕 kǒngpà 副 おそらく
感冒 gǎnmào 名動 風邪 (を引く)
好好儿 hǎohāor 副 十分に；しっかり
地 de 助 前の語句と結びつき、後の動詞や形容詞を修飾する

觉 jiào 名 睡眠
要 yào 助動 ～しなければならない
不用 búyòng 副 ～しなくていい
担心 dānxīn 動 心配する
帮 bāng 動 助ける；手伝う
哪儿的话 nǎr de huà どういたしまして
应该 yīnggāi 助動 ～すべきだ

66

CD◎91

補充語句

努力	nǔlì	動	努力する
不停	bùtíng	副	絶えず
慢慢儿	mànmānr	副	ゆっくりと
走出	zǒuchū		出ていく
清楚	qīngchu	形	はっきりしている
说明	shuōmíng	動	説明する
起飞	qǐfēi	動	離陸する
结婚	jiéhūn	動	結婚する
保重	bǎozhòng	動	体を大事にする
用功	yònggōng	動	一生懸命勉強する；努力する
话	huà	名	話；言葉
回	huí	動	帰る
为什么	wèi shénme		なぜ
感谢	gǎnxiè	動	感謝する
大家	dàjiā	代	みんな
学费	xuéfèi	名	学費

学習のポイント Point

1. "地"

她们努力地学习汉语。　　Tāmen nǔlì de xuéxí Hànyǔ.
她不停地吃着东西。　　Tā bùtíng de chīzhe dōngxi.

〈練習1〉指示に従い（　）に言葉を入れて、自由に文を作りなさい。

1）她（　　　）地（　　　　）。　［動詞＋"地"］
2）老师（　　　）地（　　　　）。　［形容詞＋"地"］

2. "快〜了"

飞机快起飞了。　　Fēijī kuài qǐfēi le.
她快结婚了。　　Tā kuài jiéhūn le.

〈練習2〉"快〜了"を使って中国語に訳しなさい。

1）彼女の風邪はもうすぐ治る。
2）父はもうすぐ五十歳になる。

3．助動詞 "要" "应该" "不用"

你要保重身体。　　Nǐ yào bǎozhòng shēntǐ.
你明天不用来。　　Nǐ míngtiān búyòng lái.
学生应该好好儿地用功。　　Xuésheng yīnggāi hǎohāor de yònggōng.

〈練習３〉日本語に訳しなさい。

1）我明天要去百货商场帮妈妈买东西。
2）为什么明天不用上课？
3）你们应该去中国学汉语。

練習問題

1．CDを聞き、（　）を埋め、後の質問に答えなさい。

李红感冒了。她身体①（　　　　）。她们大学②（　　　　）考试了。李红想去③（　　　　）。林惠④（　　　　）她，感冒的时候，⑤（　　　　）好好儿地休息。李红⑥（　　　　）林惠的话，就回宿舍休息。下了课，林惠来宿舍⑦（　　　　）李红。李红⑧（　　　　）了一觉，她的感冒好⑨（　　　　）。林惠⑩（　　　　）她复习功课。李红很感谢她。

1）李红在哪儿休息？
2）李红的感冒怎么样了？
3）李红为什么感谢林惠？

2．日本語の意味に従って、語を並べ替えなさい。

1）良い子はお母さんの言うことを聞かなくちゃ。
　　好孩子　妈妈　听　的　话　要　。

2）今日彼女はたぶん来ないだろう。
　　今天　她　会　恐怕　来　不　了　。

3）みなさんにちょっと説明すべきです。
　　你　大家　给　说明　应该　一下　。

4）今日の会議はもうすぐ始まります。
　　会议 的 今天 开始 快 了。

3．日本語の意味に従って、（　）に適切な語を入れなさい。
　1）老师（　　　　）（　）（　）教室去。　［先生はゆっくりと教室を出て行く］
　2）（　　　　）（　）说明。　［はっきり説明する］
　3）（　　　　）（　）学习。　［一生懸命に学習する］
　4）（　　　　）付学费。　［学費を払うべきだ］

言葉の交差点 16　　　　　　　　　　　　あいさつ（2）

1）ほめられたとき　　　　　　　　→　哪里，哪里！　Nǎli, nǎli!
　　　　　　　　　　　　　　　　　　　（どういたしまして）
2）空港で人を見送るとき　　　　　→　一路平安！　Yílù píng'ān!
3）小さな子供の年齢をたずねるとき　→　你几岁了？　Nǐ jǐ suì le?　（いくつですか）
4）相手の名字をたずねるとき　　　→　您贵姓？　Nín guìxìng?　（お名前は）
5）時間をたずねるとき　　　　　　→　现在几点？　Xiànzài jǐ diǎn?
　　　　　　　　　　　　　　　　　　　（いま何時ですか）
6）値段をたずねるとき　　　　　　→　这个多少钱？　Zhège duōshao qián?
　　　　　　　　　　　　　　　　　　　（これはいくらですか）
7）相手に迷惑をかけたとき　　　　→　麻烦您了！　Máfan nín le!
　　　　　　　　　　　　　　　　　　　（お手数をかけました）
8）おいしいものを食べたとき　　　→　好吃！　Hǎochī!　（おいしい）
9）来週会うことを約束して別れるとき→　下星期见！　Xià xīngqī jiàn!　（また来週）
10）相手の電話番号をたずねるとき　→　你的电话号码是多少？
　　　　　　　　　　　　　　　　　　Nǐ de diànhuà hàomǎ shì duōshao?
　　　　　　　　　　　　　　　　　　　（あなたの電話番号は）

第 14 課

下学期我要好好儿学习

CD 93 スキット I

李 红： 你 吃 米饭， 还是 吃 面条？
Lǐ Hóng: Nǐ chī mǐfàn, háishi chī miàntiáo?

林 惠： 我 吃 面条。 哎呀， 你 吃 得 真 快！
Lín Huì: Wǒ chī miàntiáo. Āiyā, Nǐ chī de zhēn kuài!

李 红： 我 饿 极了。
Wǒ è jíle.

CD 94 スキット II

李 红： 你 怎么 一 口 也 不 吃 呀！ 是 不是 有点儿
Nǐ zěnme yì kǒu yě bù chī ya! Shì bu shì yǒudiǎnr

不 舒服？
bù shūfu?

林 惠： 这 次 考试 考 得 不 好。 我 一点儿 胃口 也 没 有。
Zhè cì kǎoshì kǎo de bù hǎo. Wǒ yìdiǎnr wèikǒu yě méi yǒu.

李 红： 那 也 要 吃饭 呀。
Nà yě yào chīfàn ya.

林 惠： 嗯， 下学期 我 要 好好儿 学习。
Ng, xiàxuéqī wǒ yào hǎohāor xuéxí.

CD 95　新出語句

米饭　mǐfàn　名　（米の）ごはん：ライス
哎呀　āiyā　嘆　まあ
得　de　助　程度補語を導く
极了　jíle　とても～だ
一口　yì kǒu　ひとくち
呀　ya　助　"啊"と同じ

有点儿　yǒudiǎnr　副　少し：やや
次　cì　量　～回：～度
考　kǎo　動　試験をする：受験する
胃口　wèikǒu　名　食欲
嗯　ng　嘆　「うん」という返事
学期　xuéqī　名　学期

補充語句

洗　xǐ　動　洗う
干净　gānjìng　形　きれいだ
流利　liúlì　形　流暢だ
跑　pǎo　動　走る
字　zì　名　字
慢　màn　形　遅い
韩国语　Hánguóyǔ　名　韓国語
懂　dǒng　動　わかる
分　fēn　量　中国の通貨の最小単位；
　　　　　　　0.01元
钱　qián　名　お金

句　jù　量　言葉や文を数える
完　wán　動　終わる
以后　yǐhòu　名　以後；～した後
问　wèn　動　問う；たずねる
没关系　méi guānxi　大丈夫だ
肚子　dùzi　名　お腹
头　tóu　名　頭
疼　téng　形　痛い
对　duì　形　正しい
收拾　shōushi　動　片付ける

学習のポイント Point

1．程度補語

这件衣服洗得很干净。　　Zhè jiàn yīfu xǐ de hěn gānjìng.
她汉语说得不太流利。　　Tā Hànyǔ shuō de bú tài liúlì.

〈練習1〉（　　）に言葉を入れて、自由に文を作りなさい。

1）我（　　　　）得（　　　　　）。
2）她韩国语（　　　　）得（　　　　　）。

2．"一点儿"と"有点儿"

今天比昨天冷一点儿。　　Jīntiān bǐ zuótiān lěng yìdiǎnr.
今天有点儿冷。　　Jīntiān yǒudiǎnr lěng.

〈練習2〉日本語の意味に従って、（　　）に適切な語を入れなさい。

1）她比我大（　　　）。［彼女はわたしより少し年上だ］
2）我（　　　）头疼。［わたしはちょっと頭が痛い］

3．"一～也…"

我一分钱也没有。　　Wǒ yì fēn qián yě méi yǒu.
漂亮的衣服我一件也没有。　　Piàoliang de yīfu wǒ yí jiàn yě méi yǒu.
韩国语我一点儿也不懂。　　Hánguóyǔ wǒ yìdiǎnr yě bù dǒng.

〈練習3〉日本語の意味に従って、（　）に適切な言葉を入れなさい。

1）她（　　）句话（　　）不说。　［彼女は一言も言わない］
2）家里（　　）也（　　）。　［家の中に一人もいない］
3）汉语（　　）也（　　）难。　［中国語はちっとも難しくない］

練習問題

CD◎97　1．CDを聞き、（　　）を埋め、全文を日本語に訳しなさい。

①（　　　　）完了以后，李红②（　　　　）林惠去③（　　　　）吃饭。李红吃④（　　　　）很快。林惠的⑤（　　　　）一口也没吃。李红问林惠："你⑥（　　　　）一口也不吃呢？"林惠说她考⑦（　　　　）不好，没有⑧（　　　　）。李红告诉她："没关系，⑨（　　　　）好好儿努力⑩（　　　　）就行。"

2．日本語の意味に従って、語を並べ替えなさい。

1）彼女は今日少し体調がすぐれない。
　　她　身体　今天　舒服　不　有点儿　。

2）部屋はとてもきれいに片付けられている。
　　房间　干净　很　收拾　得　。

3）彼女は一言も日本語が話せない。
　　她　日语　一句　说　也　会　不　。

4）君が行くのか、それともわたしが行くのか。
　　你　我　去　去　还是　，？

3．指示に従い、程度補語を使って中国語に訳しなさい。

1）歩くのが遅い。　　［"得"を使う］
2）たくさん食べる。　［"得"を使う］
3）ひどく痛い。　　　［"极了"を使う］
4）まったくあなたの言う通りだ。　［"得"、"对"と"极了"を使う］

言葉の交差点 17 ……………………… 買い物

A：你买什么？　　Nǐ mǎi shénme?
B：那个多少钱？　Nàge duōshao qián?

A：三百五十块。　Sānbǎi wǔshí kuài.
B：太贵了，便宜一点儿，可以吗？　Tài guì le, piányi yìdiǎnr, kěyǐ ma?

A：三百块，怎么样？　Sānbǎi kuài, zěnmeyàng?
B：行，我就买这个。　Xíng, wǒ jiù mǎi zhège.

A：谢谢。　Xièxie.

*中国のお金の単位

| 主に書き言葉 | 元 yuán | 角 jiǎo | 分 fēn | （1元 = 10角 = 100分） |

| 主に話し言葉 | 块 kuài | 毛 máo | 分 fēn |

中国語の基本文型
・
単語索引

中国語の基本文型

文法総索引

S	→	〈主語〉
N	→	〈名詞〉
A	→	〈形容詞〉
V	→	〈動詞〉
P	→	〈場所を表す名詞〉
O	→	〈目的語〉

★ 文の種類

1) 平叙文

　　我 吃 饺子。　私は餃子を食べます。

2) 否定文

　　我 不 吃 饺子。　私は餃子を食べません。

　　我 没（有） 吃 饺子。　私は餃子を食べていません（食べませんでした）。

3) 疑問文

　①"吗"疑問文

　　　你 吃 饺子 吗？　あなたは餃子を食べますか。

　②反復疑問文

　　　你 吃 不吃 饺子？　あなたは餃子を食べますか。

　　　你 吃 饺子 不吃？　あなたは餃子を食べますか。

　③選択疑問文

　　　你 吃 饺子，还是 吃 烧卖？

　　　　　　あなたは餃子を食べますか、それとも焼売を食べますか。

　④疑問詞疑問文

　　　你 吃 什么？　あなたは何を食べますか。

　⑤省略疑問文

　　　你 呢？　あなたは？

4) 命令文

　　你 吃。　食べなさい。

5) 依頼文

　　请 吃 吧！　どうぞ食べてください。

6) 勧誘文

   咱们 吃 吧！　*食べましょう。*

7) 反語文

   谁 能 吃 这么 酸 的 东西？
   　　　そんな酸っぱいもの、誰が食べられるというのか。（＝誰も食べられない。）

★単文
1．名詞述語文
1) S N

   我 十八岁。　*私は18歳です。*

2) S 是 N

   我 是 大学生。　*私は大学生です。*

2．形容詞述語文
1) S（〈副〉）A

   我 胖，小张 不 胖。　*私は太っているが、張さんは太っていない。*
   小张 很 瘦。　*張さんは（とても）痩せている。*

2) S₁ S₂（〈副〉）A【主述述語文】

   小张 头发 比较 长。　*張さんは髪が結構長い。*

3) 比較の文

   ①S 比（=〈前〉）X A【S＞X】
   　　小张 比 小王 高。　*張さんは王さんより背が高い。*
   ②S 没有［不如］X（这么 / 那么）A【S＜X】

　　　　小王　没有　小张　(那么)　高。　　王さんは張さんほど背が高くない。
③ S 不比 X A 【S ≦ X】
　　　　小王　不比　小张　高。　　王さんは張さんより背が高いことはない。
④ S 跟 (=〈前〉) X 一样 (A) 【S = X】
　　　　我　跟　小王　一样　高。　　私は王さんと身長が同じだ。
⑤ S 跟(和) (=〈前〉) X 不一样 【S ≠ X】
　　　　小王的电脑　和　小张的　不一样。　　王さんのパソコンは張さんのとは違う。
⑥ S 跟(和) (=〈前〉) X 差不多一样 (A) 【S ≒ X】
　　　　小王　和　小刘　差不多　一样　高。　　王さんは劉さんとほとんど同じ身長だ。

3．動詞述語文
1) 基本文型
① S V
　　　　我　吃。　　私は食べます。
② S V O
　　　　我　吃　饺子。　　私は餃子を食べます。
③ S V IO〈間接目的語〉DO〈直接目的語〉
　　　　她　教　我　汉语。　　彼女は私に中国語を教えてくれる。
④ S V V (O)
　　　　你　看看　这本书。　　この本を読んでみて下さい。
⑤ S 在 P 【所在】
　　　　我们学校　在　神户。　　私たちの学校は神戸にあります。
⑥ P 有 S 【存在】
　　　　神户　有　十多个大学。　　神戸には十あまりの大学があります。
⑦ S V$_1$(O$_1$) V$_2$(O$_2$) 【連動文】
　　　　弟弟　去　邮局　买　邮票。　　弟は郵便局に切手を買いに行きます。
⑧ S〈前〉N V (O) 【前置詞文】

吴小姐　在操场　跑步。　　呉さんはグラウンドでジョギングをします。
　　　奶奶　没　给我　买　糖。　おばあちゃんは私にアメを買ってくれなかった。
⑨ S 把（=〈前〉）N V【処置式文】
　　　我　把　作业　做完了。　私は宿題をやり終えた。
⑩ S V（=使役、受身を表す動詞）S V (O)【兼語文】
　　　我　叫　弟弟　用　我的电脑。　私は弟にパソコンを使わせます。
　　　我　被　老师　批评了。　私は先生に叱られました。
⑪ (P) V S【存現文】
　　　墙上　挂着　一张照片。　壁に写真が一枚掛けてあります。

2）助動詞　　S〈助動〉V (O)
　　　陈同学　会　说　英语、汉语。　陳さんは英語と中国語が話せる。

3）補語（動詞の後に置かれ、様々な意味を補う語。ここでは　で示す。）
① A〈数〉／ V〈数〉O ／ V O〈数〉
　　　【数量補語（動量補語・時量補語・比較数量補語）】
　　　这本书　我　看过　两次。　この本を私は二度読んだことがある。
　　　我　学了　两年　汉语。　私は二年間中国語を学びました。
　　　我　比　她　重　五公斤。　私は彼女より五キロ重い。
② V 得　A (〈副〉) ／ V O V 得　A (〈副〉)【程度補語】
　　　她　表演　得　很不错。　彼女は演技がうまい。
　　　田中　说　汉语　说　得　很流利。　田中さんは中国語を流暢に話す。
③ V V ／ V A【結果補語】
　　　你　看完了　这条　新闻　没有？　このニュースを読み終わりましたか。
　　　我　还　没　换好　衣服。　まだ服をちゃんと着替えていません。
④ V V ／ V 来 (去) ／ V V 来 (去) ／ V V O 来 (去) ／ V V 来 (去) O
　　　【方向補語】

他 回 来 了。　　彼は帰ってきました。
　　　他 跑 回 来 了。　　彼は走って帰ってきました。
　　　他 跑 回 家 来 了。　　彼は走って家に帰ってきました。
　　　他 买 回 来 了 两个西瓜。　　彼はスイカを二個買って帰ってきました。
　⑤ V 得(不) 結果補語／V 得（不）方向補語 【可能補語】
　　　这本书 你 看 得 完 吗？　　この本を読み終わることができますか。
　　　今天 你 回 得 来 回 不 来？　　今日帰ってくることができますか。

4．アスペクト・時制
1)【完了】V了（没V）／V了〈連体修飾語〉O／VO了
　　　我 吃 了 一个面包。　　私はパンを一個食べました。
　　　你 吃 饭 了 吗？　　ごはんを食べましたか。
　　　我 没 吃 饭。　　私はごはんを食べていません。

2)【変化・出現】〜了
　　　他女儿 现在 小学二年级 了。　　彼の娘は今では小学二年生になりました。

3)【経験】V 过（没 V 过）
　　　你 吃 过 羊肉 吗？　　あなたは羊肉を食べたことがありますか。
　　　我 没 吃 过 羊肉。　　私は羊肉を食べたことがありません。

4)【近未来】要〜了／就〜了／就要〜了／快〜了／快要〜了
　　　要 放假 了。　　もうすぐ休みになります。
　　　快 到 春天 了。　　もうすぐ春です。

5)【進行】（正）在 V〜呢
　　　她 （正）在 看 电视 呢。　　彼女はテレビを見ているところです。

6）【持続】V 着〜

　　窗户　关　着。　　窓は閉まっています。

7）【過去の強調】（是）〈時間／場所／手段 etc.〉V 的（O）

　　我　是　昨天　来　的。　　私は昨日来たのです。
　　我　是　坐船　来　的　日本。　　私は船で日本に来たのです。

5．修飾
1）名詞を修飾
　①N 的 N
　　　爸爸　的　鞋　　父さんの靴
　②NN
　　　她们　中学　　彼女たちの高校
　③AN
　　　黄　布　　黄色い布
　④A 的 N
　　　很　深　的　颜色　　とても濃い色
　⑤(S) V 的 N
　　　我　买　的　书　　私が買った本

2）動詞・形容詞を修飾
　①〈副〉A
　　　非常　困难　　大変困難だ
　　　不　太　安静　　あまり静かでない
　②〈副〉V
　　　我们　也　都　关心。　　私たちも皆気にかけています。
　　　认真　学习　　真面目に勉強する

③〈A／V／副〉地 V（A）
　　痛快 地 喝　　思いっきり飲む

6．語気助詞
1）吗［疑問］
　　他 是 张大夫 吗？　彼が張先生（医師）ですか。

2）吧
①［推量］
　　这 是 办公室 吧。　ここはオフィスでしょう。
②［勧誘］
　　我们 去 照相 吧。　写真を撮りに行きましょう。
③［命令］
　　你 快点儿 来 吧！　早く来なさい。

3）呢
①［省略疑問文］
　　我 的 护照 呢？　私のパスポートは？
②［動作の進行］
　　我 擦 黑板 呢。　黒板を拭いているところです。

4）啊
①［感嘆］
　　真 香 啊！　すごくおいしそう。
②［肯定の強調］
　　是 啊！　そうなんですよ。

単語索引

ここには第一課～第十四課、及び「中国語の基本文型」にある語、語句をピンイン順に配列しています。

語、語句の所在を下記の記号で示しています。

数字【新】：本編のその数字の課の「新出語句」にあることを示します。
数字【補】：本編のその数字の課の「補充語句」にあることを示します。
数字1【交 数字2】；本編の数字1の課の「言葉の交差点（数字2）」にあることを示します。
【文 数字】：「中国語の基本文型」のその数字のページにあることを示します。

	A		
a	啊	12	【新】
āi	哎	8	【新】
āiyā	哎呀	14	【新】
ānjìng	安静		【文 81】

	B		
bā	八	5	【補】
bǎ	把	5 【交 5】	【文 79】
bàba	爸爸	2	【新】
ba	吧	10	【新】
bǎi	百	5	【補】
bǎihuò shāngchǎng	百货商场	9	【新】
bàn	半	6	【補】
bàntiān	半天	11	【補】
bàngōngshì	办公室		【文 82】
bāng	帮	13	【新】
bāngmáng	帮忙	11	【交 13】
bāngzhù	帮助	11 【交 13】 12	【補】
bǎozhòng	保重	13	【補】
bào	报	2	【補】
bēi	杯	5	【交 5】
bēizi	杯子	2	【補】
běi	北	9	【交 10】
běibian	北边	9	【交 10】
běifāng	北方	4	【新】
běimian	北面	9	【交 10】
bèi	被		【文 79】
běn	本	5 【交 5】 8	【補】
bǐ	比	4	【新】
bǐjiào	比较	4	【新】
bǐ	笔	5	【交 5】
bǐjìběn	笔记本	2	【補】
biǎoyǎn	表演		【文 79】
bìng	病	9	【補】
bù	不	1	【新】
búcuò	不错		【文 79】
búguò	不过	4	【新】
bú tài	不太	13	【新】
búyòng	不用	13	【新】
bù hǎo yìsi	不好意思	12	【新】
bùrú	不如		【文 77】
bùtíng	不停	13	【補】
bù	布		【文 81】

	C		
cā	擦		【文 82】
cānjiā	参加	12	【補】
cāochǎng	操场		【文 79】
cèsuǒ	厕所	5	【補】
chá	茶	5	【交 5】
chà	差	6	【補】
chàbuduō	差不多		【文 78】
cháng	长		【文 77】
chángcháng	常常	4	【新】
chàng	唱	10	【補】
chāojí shìchǎng	超级市场	9	【補】
chē	车	8	【補】
chēzhàn	车站	9	【新】

83
単語索引

chènshān	衬衫	7	【補】
chéngjì	成绩	4	【補】
chī	吃	4	【補】
chīfàn	吃饭	7	【交7】
chídào	迟到	12	【新】
chōu	抽	10	【補】
chuān	穿	10	【補】
chuán	船		【文81】
chuānghu	窗户		【文81】
chuáng	床	5	【交5】
Chūnjié	春节	9	【補】
chūntiān	春天	6	【補】
cídiǎn	词典	2	【新】
cídài	磁带	2	【補】
cì	次	14	【新】
cóng	从	7	【新】

D

dǎ diànhuà	打电话	8	【補】
dǎgōng	打工	10	【補】
dǎsǎo	打扫	10	【補】
dà	大	2	【新】
dàgài	大概	12	【補】
dàjiā	大家	13	【補】
dàxué	大学	2【交2】 7	【新】
dàxuéshēng	大学生		【文77】
dàyī	大衣	7	【補】
dàifu	大夫		【文82】
dānxīn	担心	13	【新】
dāngrán	当然	7	【新】
dāo	刀	5	【交5】

dào	到	12	【新】
Déguórén	德国人	1	【補】
Déyǔ	德语	3	【補】
de	地	13	【新】
de	的	2【新】 7【交7】 8	【新】
de	得	14	【新】
de shíhou	的时候	11	【補】
děi	得	10	【新】
děng	等	8	【補】
dìdi	弟弟	4	【補】
dì	第	1	【新】
diǎn	点	6	【新】
diǎnr	点儿	12	【新】
diànhuà	电话	5	【補】
diànnǎo	电脑	2	【補】
diànshì	电视	3	【補】
diànyǐng	电影	7	【補】
dōng	东	9	【交10】
dōngbian	东边	9	【交10】
dōngmian	东面	9	【交10】
dōngxi	东西	7	【新】
dōngtiān	冬天	4	【新】
dǒng	懂	14	【補】
dōu	都	2	【新】
dùzi	肚子	14	【補】
duì	对	9【交10】 14	【補】
duìbuqǐ	对不起	5	【新】
duì le	对了	9	【新】
duìmian	对面	9	【交10】
duō	多	4【新】 5【補】 11【新】	【文78】
duō dà	多大	6	【補】

84

duō le	多了	4	【新】
duōshao	多少	13	【交16】

E

è	饿	5	【補】
èr	二	2	【新】

F

fāyīn	发音	3	【新】
Fǎguó	法国	4	【補】
Fǎguórén	法国人	1	【補】
Fǎwén	法文	2	【補】
Fǎyǔ	法语	11	【補】
fàn	饭	7	【補】
fàndiàn	饭店	5	【補】
fāngbiàndiàn	方便店	5	【補】
fángjiān	房间	10	【補】
fàngjià	放假		【文80】
fēijī	飞机	7	【新】
fēicháng	非常	3	【新】
fēn	分	6【補】	14【補】
fēng	封	5	【交5】
fēnzhōng	分钟	6	【補】
fúwùyuán	服务员	5	【新】
fùqin	父亲	10	【交11】
fùxí	复习	10	【新】

G

gānjìng	干净	14	【補】
gǎnmào	感冒	13	【新】
gǎnxiè	感谢	13	【補】
gàn	干	10	【新】
gāngbǐ	钢笔	2	【補】
gāo	高	4	【補】
gāoxìng	高兴	9	【補】
gàosu	告诉	8	【新】
gē	哥	10	【新】
gēge	哥哥	10	【新】
gē	歌	10	【補】
ge	个	5【交5】	6【補】
gěi	给	7【交7】 8【補】	12【新】
gēn	跟	7	【新】
gōngchǎng	工厂	5	【交5】
gōngzuò	工作	9	【補】
gōngjīn	公斤		【文79】
gōnglǐ	公里	10	【新】
gōngsī	公司	9	【補】
gōngkè	功课	10	【新】
gùshi	故事	12	【補】
guà	挂		【文79】
guān	关		【文81】
guānxi	关系	12	【交14】
guānxīn	关心		【文81】
guì	贵	14	【交17】
guìxìng	贵姓	1	【新】
guó	国	12	【補】
guójì diànhuà	国际电话	10	【補】
guo	过	11	【新】
guòlùrén	过路人	9	【新】

H

hái	还	5	【新】
háishi	还是	4	【新】
háizi	孩子	12	【補】
Hánguó	韩国	1	【補】
Hánguórén	韩国人	4	【補】
Hánguóyǔ	韩国语	14	【補】
hánjià	寒假	9	【補】
Hànyǔ	汉语	3	【新】
Hànzì	汉字	3	【新】
hǎo	好	1	【新】
hǎochī	好吃	13	【交16】
hǎohāor	好好儿	13	【新】
hǎojiǔ	好久	12	【交14】
hǎowánr	好玩儿	4	【新】
hào	号	5 【交5】 6	【新】
hàomǎ	号码	13	【交16】
hē	喝	5	【新】
hé	和	4	【新】
hé	河	5	【交5】
hēibǎn	黑板		【文82】
hěn	很	3	【新】
hóng	红	10	【補】
hóngchá	红茶	5	【新】
hòu	后	9	【交10】
hòubian	后边	9	【新】
hòunián	后年	6	【補】
hòutiān	后天	6	【補】
hòutou	后头	9	【交10】
hùzhào	护照		【文82】
huábīng	滑冰	4	【新】
huà	话	13	【補】
huānyíng	欢迎	12	【交14】
huàn	换		【文79】
huáng	黄		【文81】
huí	回	13	【補】
huílai	回来	10	【新】
huì	会	10【新】 12【新】 12【補】
huìyì	会议	7	【補】

J

jīchǎng	机场	7	【新】
jíle	极了	14	【新】
jǐ	几	6	【新】
jiā	家	2【交2】 5【補】 7【補】
jiān	间	5	【交5】
jiàn	见	7	【新】
jiàn	件	5【交5】 8	【補】
jiànkāng	健康	4	【補】
jiǎng	讲	12	【補】
jiāo	交	10	【補】
jiāo	教	8	【新】
jiǎo	角	14	【交17】
jiǎozi	饺子	4	【補】
jiào	叫	1【新】	【文79】
jiào	觉	13	【新】
jiàoshì	教室	5	【補】
jiēshi	结实	4	【補】
jiē	接	7	【新】
jié	节	5	【新】
jiéhūn	结婚	13	【補】

jiějie	姐姐	8	【補】
jīnnián	今年	6	【新】
jīntiān	今天	6	【新】
jiǔ	九	5	【補】
jiǔ	久	12	【補】
jiǔ	酒	10	【補】
jiù	旧	2	【補】
jiù	就	9	【新】
jiùyào	就要		【文80】
jù	句	14	【補】

K

kāfēi	咖啡	5	【新】
kāi	开	10	【補】
kāishǐ	开始	7	【補】
kàn	看	3	【補】
kǎo	考	14	【新】
kǎoshì	考试	10	【新】
kě	可	7	【交7】
kěyǐ	可以	5【新】 12	【新】
kè	刻	6	【新】
kèren	客人	5	【交5】
kè	课	1	【新】
kèběn	课本	8	【新】
kǒngpà	恐怕	13	【新】
kǒu	口	5	【交5】
kùzi	裤子	9	【補】
kuài	块	5【交5】 8【補】 14【交17】	
kuài	快	10	【補】
kuàiyào	快要		【文80】
kùnnan	困难		【文81】

L

lái	来	3	【補】
lán	蓝	10	【補】
lǎo	老	7	【交8】
lǎoshī	老师	1	【補】
lǎoye	老爷	10	【交11】
lǎolao	姥姥	10	【交11】
le	了	9	【新】
lěng	冷	4	【新】
lí	离	9	【新】
lǐ	里	5	【補】
lǐbian	里边	9	【交10】
lǐmiàn	里面	9	【交10】
lǐtou	里头	9	【交10】
lǐwù	礼物	8	【補】
liánhuānhuì	联欢会	8	【新】
liǎng	两	1【補】 4	【補】
liàng	辆	5	【交5】
línshí	临时	12	【新】
líng	零（〇）	5	【補】
liúxué	留学	7	【補】
liúxuéshēng	留学生	1	【補】
liúlì	流利	14	【補】
liù	六	5	【補】
lùyīn	录音	11	【新】
lǚxíng	旅行	7	【補】

	M	
máfan	麻烦	13【交16】
ma	吗	1【新】
mǎi	买	7【新】
màn	慢	14【補】
mànmānr	慢慢儿	13【補】
māo	猫	5【交5】8【補】
máo	毛	14【交17】
máoyī	毛衣	10【補】
méi	没	5【新】
méi guānxi	没关系	14【補】
méi yǒu	没有	4【新】9【補】
měi tiān	每天	11【新】
Měiguó	美国	4【補】
Měiguórén	美国人	1【補】
mèimei	妹妹	2【交2】4【補】
men	们	9【補】
mǐfàn	米饭	14【新】
miànbāo	面包	【文80】
miàntiáo	面条	4【補】
míngzi	名字	1【交1】
míngnián	明年	2【交2】6【補】
míngtiān	明天	6【補】
mǔqin	母亲	10【交11】

	N	
nǎ	哪	2【補】
nǎge	哪个	2【補】3【補】
nǎli	哪里	5【補】
nǎr	哪儿	5【新】
nǎr de huà	哪儿的话	13【新】
nǎxiē	哪些	2【補】
nà	那	2【補】4【新】
nàge	那个	14【交17】
nàli	那里	5【補】
nàme	那么	【文77】
nàr	那儿	5【補】
nàxiē	那些	2【新】
nǎinai	奶奶	10【交11】
nán	南	9【交10】
nánbian	南边	9【交10】
nánmian	南面	9【交10】
nán	难	3【新】
ne	呢	5【新】10【新】12【補】
néng	能	10【新】
ng	嗯	14【新】
nǐ	你	1【新】
nǐmen	你们	1【補】
nián	年	6【新】
niánjí	年级	【文80】
niánjì	年纪	11【交12】
niánqīng	年轻	11【補】
nín	您	1【新】
niú	牛	5【交5】
nóngmín	农民	1【補】
nǔlì	努力	13【補】
nǚ'ér	女儿	【文80】

	P	
páng	旁	9【交10】
pángbiān	旁边	9【交10】

pàng	胖	【文77】	
pǎo	跑	14【補】	
pǎobù	跑步	【文79】	
péngyou	朋友	5【補】	
pīpíng	批评	【文79】	
piányi	便宜	9【補】	
piào	票	8【補】	
piàoliang	漂亮	3【補】	
píng'ān	平安	13【交16】	
píngguǒ	苹果	5【交5】	

Q

qī	七	5【補】	
qí	骑	7【補】	
qǐfēi	起飞	13【補】	
qìchē	汽车	5【交5】	
qiān	千	5【補】	
qiānbǐ	铅笔	2【補】	
qián	前	9【交10】	
qiánbian	前边	9【交10】	
qiánmian	前面	9【新】	
qiánnián	前年	6【補】	
qiántiān	前天	6【補】	
qiántou	前头	9【交10】	
qián	钱	14【補】	
qiáng	墙	【文79】	
qīngchu	清楚	13【補】	
qǐng	请	12【交14】【文76】	
qǐngwèn	请问	9【新】	
qiūtiān	秋天	6【補】	
qù	去	3【補】	

qùnián	去年	6【補】	
qúnzi	裙子	7【補】	

R

ràng	让	12【交14】	
rè	热	4【新】	
rén	人	1【新】	
rènzhēn	认真	【文81】	
rì	日	6【補】	
Rìběn	日本	【文81】	
Rìběnrén	日本人	1【新】	
Rìyǔ	日语	3【新】	
róngyì	容易	3【補】	

S

sān	三	3【新】	
shāngdiàn	商店	7【新】	
shàng	上	5【補】6【補】	
shàngbian	上边	9【交10】	
shàngkè	上课	7【補】	
shàngmian	上面	9【交10】	
shàngtou	上头	9【交10】	
shàngwǔ	上午	6【補】	
shāomai	烧卖	【文76】	
shéi	谁	3【補】	
shénme	什么	1【交1】3【新】	
shénme shíhou	什么时候	8【補】	
shēntǐ	身体	4【補】	
shēn	深	【文81】	

shēngri	生日	6	【交6】
shí	十	5	【補】
shítáng	食堂	7	【補】
shì	事	5【交5】 7	【新】
shì	是	1	【新】
shōushi	收拾	14	【補】
shǒubiǎo	手表	5【交5】 8	【補】
shǒujī	手机	12	【新】
shòu	瘦		【文77】
shū	书	2	【補】
shūbāo	书包	9	【補】
shūdiàn	书店	9	【新】
shūfáng	书房	10	【新】
shūfu	舒服	13	【新】
shǔjià	暑假	7	【補】
shuāng	双	10	【補】
shuǐguǒ	水果	7	【新】
shuìjiào	睡觉	11	【補】
shuō	说	3	【補】
shuōmíng	说明	13	【補】
sījī	司机	1	【補】
sì	四	4	【新】
sòng	送	8	【補】
sùshè	宿舍	7	【補】
suān	酸		【文77】
suì	岁	4	【補】
suìshu	岁数	11	【新】

T

tā	它	1	【補】
tā	他	1	【補】
tā	她	1	【補】
tāmen	它们	1	【補】
tāmen	他们	1	【補】
tāmen	她们	1	【補】
tái	台	8	【補】
táng	糖		【文79】
téng	疼	14	【補】
tiān	天	6	【補】
tiáo	条	5【交5】 9	【新】
tīng	听	3	【補】
tōngzhī	通知	8	【新】
tóngxué	同学	5	【補】
tóngyì	同意	12	【補】
tòngkuai	痛快		【文82】
tóu	头	5【交5】 14	【補】
tóufa	头发		【文77】
túshūguǎn	图书馆	5	【新】

W

wàzi	袜子	10	【補】
wài	外	9	【交10】
wàibian	外边	9	【交10】
wàiguó	外国	11	【補】
wàimian	外面	9	【交10】
wàitou	外头	9	【交10】
wán	完	14	【補】
wánr	玩儿	7	【補】
wǎn	晚	12	【新】
wǎnshang	晚上	2【交2】 6	【補】
wàn	万	5	【補】
wèi shénme	为什么	13	【補】

wèi	位	1	【補】 8 【補】
wèikǒu	胃口	14	【新】
wèn	问	14	【補】
wǒ	我	1	【新】
wǒmen	我们	1	【補】
wūlóngchá	乌龙茶	5	【新】
wūzi	屋子	5	【交 5】
wǔ	五	5	【新】

X

xī	西	9	【交 10】
xībian	西边	9	【交 10】
xīguā	西瓜		【文 80】
xīmian	西面	9	【交 10】
xǐ	洗	14	【補】
xì	系	2	【補】
xià	下	6	【補】
xiàbian	下边	9	【交 10】
xiàkè	下课	9	【補】
xiàmian	下面	9	【交 10】
xiàtou	下头	9	【交 10】
xiàwǔ	下午	6	【補】
xiàyǔ	下雨	12	【補】
xiàtiān	夏天	4	【新】
xiànzài	现在	5	【新】
xiāng	香		【文 82】
xiǎng	想	7	【新】
xiāoxi	消息	8	【新】
xiǎo	小	5	【新】
xiǎojie	小姐		【文 79】
xiǎopéngyou	小朋友	11	【交 12】
xiǎoshí	小时	6	【補】
xiǎoshuō	小说	2	【補】
xiǎoxué	小学		【文 80】
xiē	些	9	【新】
xié	鞋		【文 81】
xiě	写	3	【補】
xièxie	谢谢	9	【新】
xīnkǔ	辛苦	12	【交 14】
xīn	新	2	【補】
xīnwén	新闻		【文 79】
xìn	信	5 【交 5】	12 【補】
xīngqī	星期	6	【新】
Xīngqītiān (Xīngqīrì)	星期天 （星期日）	6	【補】
xíng	行	5	【新】
xìng	姓	1	【新】
xiūxi	休息	12	【補】
xué	学	11	【新】
xuéfèi	学费	13	【補】
xuéqī	学期	14	【新】
xuésheng	学生	1	【新】
xuéxí	学习	3	【新】
xuéxiào	学校		【文 78】

Y

ya	呀	14	【新】
yān	烟	10	【補】
yánsè	颜色		【文 81】
yángròu	羊肉		【文 80】
yào	要	13	【新】
yéye	爷爷	10 【交 11】	11 【補】

yě	也	2	【新】
yī	一	1	【新】
yídìng	一定	8	【新】
yíhuìr	一会儿	12	【新】
yílù	一路	13	【交 16】
yíxià	一下	8	【新】
yíyàng	一样	4	【新】
yìbān	一般	11	【新】
yìdiǎnr	一点儿	11	【新】
yì kǒu	一口	14	【新】
yìqǐ	一起	7	【新】
yīfu	衣服	5	【交 5】
yīshēng	医生	1	【補】
yǐjing	已经	9	【補】
yǐhòu	以后	14	【補】
yǐzi	椅子	5	【交 5】
yì	亿	5	【補】
yīnyuè	音乐	2	【補】
yínháng	银行	9	【新】
Yìndùrén	印度人	1	【補】
yīnggāi	应该	13	【新】
Yīngguórén	英国人	1	【補】
Yīngwén	英文	2	【補】
Yīngyǔ	英语	3	【補】
yòng	用	8	【新】
yònggōng	用功	13	【補】
yóu	游	10	【新】
yóuyǒng	游泳	10	【新】
yóujú	邮局	9	【新】
yóupiào	邮票	【文 78】	
yǒu	有	5	【新】
yǒudiǎnr	有点儿	14	【新】
yǒuhǎo	友好	12	【補】
yòu	右	9	【交 10】
yòubian	右边	9	【交 10】
yòumian	右面	9	【交 10】
yǔfǎ	语法	3	【新】
yuán	元	14	【交 17】
yuǎn	远	9	【新】
yuè	月	5 【交 5】 6	【新】

Z

zázhì	杂志	2	【新】
zài	在	5【補】9【新】10	【新】
zàijiàn	再见	7	【新】
zánmen	咱们	1	【補】
zǎoshang	早上	6	【補】
zěnme	怎么	12	【新】
zěnmeyàng	怎么样	3	【新】
zhāng	张	5【交 5】8	【補】
zhǎo	找	11	【補】
zhàopiàn	照片	【文 79】	
zhàoxiàng	照相	【文 82】	
zhè	这	2	【新】
zhège	这个	7	【交 7】
zhèli	这里	5	【補】
zhème	这么	【文 77】	
zhèr	这儿	5	【補】
zhèxiē	这些	2	【補】
zhèyang	这样	7	【交 7】
zhe	着	10	【補】
zhēn	真	12	【新】
zhèngzài	正在	10	【補】

92

zhī	支	5【交5】	
zhī	只	5【交5】 8【補】	
zhǐ	纸	5【交5】	
zhīdao	知道	10【補】	
Zhōngguó	中国	1【補】	
Zhōngguórén	中国人	1【新】	
Zhōng-Rì Cídiǎn	中日词典	2【新】	
Zhōngwén	中文	2【補】	
zhōngwǔ	中午	6【補】	
zhōngxué	中学	【文81】	
zhòng	重	【文79】	
zhǔnbèi	准备	10【新】	
zhuōzi	桌子	5【補】	
zì	字	14【補】	
zìxíngchē	自行车	7【補】	
zǒu	走	10【補】	
zǒu chū	走出	13【補】	
zuìjìn	最近	9【補】	
zuótiān	昨天	6【補】	
zuǒ	左	9【交10】	
zuǒbian	左边	9【交10】	
zuǒmian	左面	9【交10】	
zuǒyòu	左右	11【新】	
zuò	坐	7【新】	
zuò	做	3【補】	
zuòyè	作业	2【補】	

◎中国語音節表

① 「ゼロ」とは前に声母（頭子音）がつかないことを示します

	韻母 声母	介音なし													介音 i				
		a	o	e	-i[ɿ]	-i[ʅ]	er	ai	ei	ao	ou	an	en	ang	eng	-ong	i[i]	ia	iao	ie	iou
0	ゼロ	a	o	e			er	ai	ei	ao	ou	an	en	ang	eng		yi	ya	yao	ye	you
1	b	ba	bo					bai	bei	bao		ban	ben	bang	beng		bi		biao	bie	
2	p	pa	po					pai	pei	pao	pou	pan	pen	pang	peng		pi		piao	pie	
3	m	ma	mo	me				mai	mei	mao	mou	man	men	mang	meng		mi		miao	mie	miu
4	f	fa	fo						fei		fou	fan	fen	fang	feng						
5	d	da		de				dai	dei	dao	dou	dan	den	dang	deng	dong	di		diao	die	diu
6	t	ta		te				tai		tao	tou	tan		tang	teng	tong	ti		tiao	tie	
7	n	na		ne				nai	nei	nao	nou	nan	nen	nang	neng	nong	ni		niao	nie	niu
8	l	la		le				lai	lei	lao	lou	lan		lang	leng	long	li	lia	liao	lie	liu
9	g	ga		ge				gai	gei	gao	gou	gan	gen	gang	geng	gong					
10	k	ka		ke				kai	kei	kao	kou	kan	ken	kang	keng	kong					
11	h	ha		he				hai	hei	hao	hou	han	hen	hang	heng	hong					
12	j																ji	jia	jiao	jie	jiu
13	q																qi	qia	qiao	qie	qiu
14	x																xi	xia	xiao	xie	xiu
15	zh	zha		zhe	zhi			zhai	zhei	zhao	zhou	zhan	zhen	zhang	zheng	zhong					
16	ch	cha		che	chi			chai		chao	chou	chan	chen	chang	cheng	chong					
17	sh	sha		she	shi			shai	shei	shao	shou	shan	shen	shang	sheng						
18	r			re	ri					rao	rou	ran	ren	rang	reng	rong					
19	z	za		ze		zi		zai	zei	zao	zou	zan	zen	zang	zeng	zong					
20	c	ca		ce		ci		cai	cei	cao	cou	can	cen	cang	ceng	cong					
21	s	sa		se		si		sai		sao	sou	san	sen	sang	seng	song					

③ 3つの i

④ 発音を区別してください

⑤ 表記上 "o" が消えます

② "i, u, ü"で始まる音は前に声母がつかないとき、三段目のように書き換えます（音は同じ）

					介音 u								介音 ü			
ian	in	iang	ing	iong	u	ua	uo	uai	uei	uan	uen	uang	ueng	ü	üe	üan	ün
yan	yin	yang	ying	yong	wu	wa	wo	wai	wei	wan	wen	wang	weng	yu	yue	yuan	yun
bian	bin		bing		bu												
pian	pin		ping		pu												
mian	min		ming		mu												
					fu												
dian			ding		du		duo		dui	duan	dun						
tian			ting		tu		tuo		tui	tuan	tun						
nian	nin	niang	ning		nu		nuo			nuan				nü	nüe		
lian	lin	liang	ling		lu		luo			luan	lun			lü	lüe		
					gu	gua	guo	guai	gui	guan	gun	guang					
					ku	kua	kuo	kuai	kui	kuan	kun	kuang					
					hu	hua	huo	huai	hui	huan	hun	huang					
jian	jin	jiang	jing	jiong										ju	jue	juan	jun
qian	qin	qiang	qing	qiong										qu	que	quan	qun
xian	xin	xiang	xing	xiong										xu	xue	xuan	xun
					zhu	zhua	zhuo	zhuai	zhui	zhuan	zhun	zhuang					
					chu	chua	chuo	chuai	chui	chuan	chun	chuang					
					shu	shua	shuo	shuai	shui	shuan	shun	shuang					
					ru	rua	ruo		rui	ruan	run						
					zu		zuo		zui	zuan	zun						
					cu		cuo		cui	cuan	cun						
					su		suo		sui	suan	sun						

⑥ "a" の発音に注意

⑦ 表記上 "e" が消えます

⑧ "j, q, x, y" の後ろでは "ü" の点が消えます

中国語音節表

俄 国
Éguó

蒙 古
Měnggǔ

乌鲁木齐
Wūlǔmùqí

中 国
Zhōngguó

拉萨
Lāsà

成都
Chéngdū

昆明
Kūnmíng

中国地图
Zhōngguó dìtú

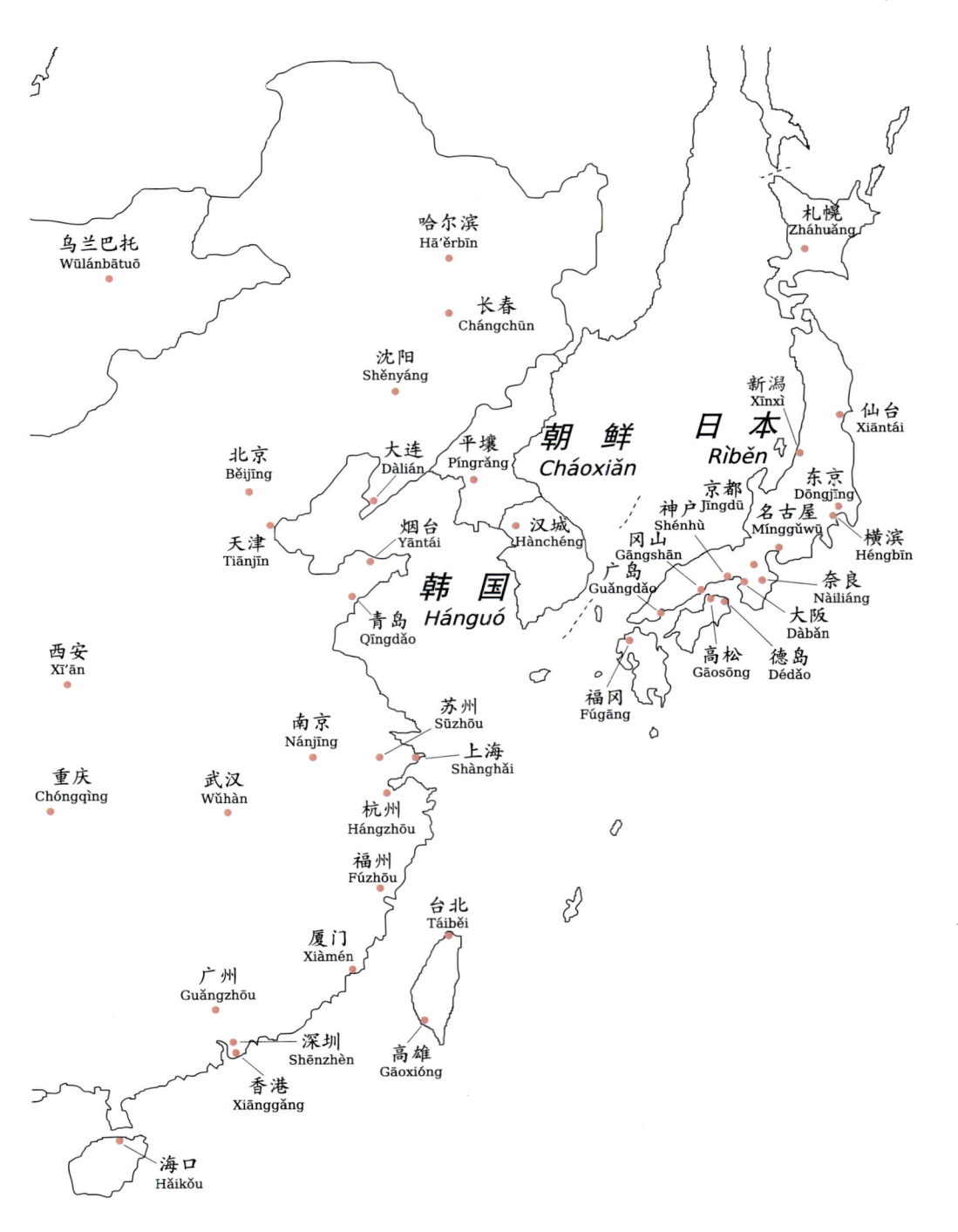

乌兰巴托	Wūlánbātuō
哈尔滨	Hā'ěrbīn
长春	Chángchūn
沈阳	Shěnyáng
札幌	Zháhuǎng
北京	Běijīng
大连	Dàlián
平壤	Píngrǎng
朝鲜	Cháoxiǎn
日本	Rìběn
新潟	Xīnxì
仙台	Xiāntái
天津	Tiānjīn
烟台	Yāntái
汉城	Hànchéng
京都	Jīngdū
东京	Dōngjīng
神户	Shénhù
名古屋	Mínggǔwū
横滨	Héngbīn
韩国	Hánguó
冈山	Gāngshān
广岛	Guǎngdǎo
奈良	Nàiliáng
青岛	Qīngdǎo
大阪	Dàbǎn
西安	Xī'ān
高松	Gāosōng
德岛	Dédǎo
南京	Nánjīng
苏州	Sūzhōu
福冈	Fúgāng
重庆	Chóngqìng
武汉	Wǔhàn
上海	Shànghǎi
杭州	Hángzhōu
福州	Fúzhōu
台北	Táiběi
厦门	Xiàmén
广州	Guǎngzhōu
深圳	Shēnzhèn
高雄	Gāoxióng
香港	Xiānggǎng
海口	Hǎikǒu

著者紹介　王霜媚（ワン・シャンメイ）
　　　　　　神戸女子大学教授
　　　　　柴田清継（しばた・きよつぐ）
　　　　　　武庫川女子大学教授
　　　　　平坂仁志（ひらさか・ひとし）
　　　　　　近畿大学非常勤講師
　　　　　市成直子（いちなり・なおこ）
　　　　　　武庫川女子大学非常勤講師
　　　　　陳建平（ちん・けんぺい）
　　　　　　中国語非常勤講師

新訂　初級中国語課本

2010 年 4 月 1 日　初版発行
2014 年 4 月 1 日　2 版 1 刷発行

■著者　　王霜媚／柴田清継／平坂仁志／市成直子／陳建平
■発行者　尾方敏裕
■発行所　株式会社　好文出版
　　　　　〒 162-0041　東京都新宿区早稲田鶴巻町 540　林ビル 3F
　　　　　Tel. 03-5273-2739　　Fax. 03-5273-2740
　　　　　http://www.kohbun.co.jp/
■装丁　　関原直子
■印刷／製本　音羽印刷　株式会社
■録音　　株式会社　誠音社
■吹込　　何立人／楊晶
■イラスト　森野ひとみ

©2010　Printed in Japan　ISBN978-4-87220-135-2
本書の内容をいかなる方法でも無断で複写、転載することを禁じます。
乱丁落丁の際はお取替えいたしますので直接弊社宛にお送りください.
定価は表紙に表示してあります.